AI＝知への逆襲

日本文化論の視点

渡部信一

大修館書店

目次

「AI＝知」への逆襲

はじめに

人工知能（以下、ＡＩ）が急速に、私たちの日常生活の中で活躍を始めている。そのきっかけは２０１０年頃から、それまでのＡＩとはまったく異なる設計思想で開発された「新しいＡＩ」が社会に普及・浸透してきたことによる。

それまでの「古いＡＩ」は、人間のプログラマーがＡＩにさせたいことをひとつひとつプログラミングしていた。それに対して「新しいＡＩ」は、Ｗｅｂ上にある「ビッグデータ」をＡＩ自らが自律的に学習することにより様々な判断を行う。

この「新しいＡＩ」により現在、次のようなことが可能になりつつある。

利用する人にとって安全で便利な自動運転

医師が行う病気の診断や治療の支援

今後起こりうるだろう災害のシミュレーションと対策の提案
ビジネス領域における様々なイノベーション
小説を書いたり絵画を制作する芸術活動

そして2023年には、対話型AI「チャットGPT（Chat GPT）」が話題になった。これまでは「知りたいことがあったらネットで検索」が当たり前だったが、これからは「知りたいことがあったらチャットでAIにきく」のが日常になるだろう。しかもチャットGPTは、もし事前に知らされなければAIだとわからないほどに「自然な対話」が可能なのである。

私は今、人類の「知」のあり方が大きく変わろうとしていることを実感する。「記憶する」「調べる」「書く」「伝える」「コミュニケーションする」などの行為はすでに、テクノロジーがなければ困難な状況になっている。加えて今後、「学ぶ」「考える」「判断する」という行為すべてに、AIを中核としたテクノロジーが深く関与することになるだろう。その結果、私たちの価値観や幸福感、思考や判断基準、そして「教育」の枠組みなど、「知」のあり方が大きく変わっていくことになる。

結局「ＡＩ」は、戦後日本が必然的に行き着いた「究極のテクノロジー」と言えるだろう。戦後日本社会は、「前に進むこと」「成長・発展すること」を唯一の価値観としてきた。そして、その価値観はテクノロジーの発展とも見事に合致し、「より速く、より効率的な、そしてより便利な社会」を作り上げてきた。そして私たちは今、「人類の知力を超えようとするＡＩ」を手にしているのである。

このように考えると、今私たちは時代の分岐点にいることに気づく。もし、日本社会が今後も「前に進む」「成長・発展する」という価値観をこのまま持ち続けるとしたならば、それは結果的に「知的作業はすべてＡＩに任せる」ということになるだろう。ＡＩは、人間と比較して多くの点でとても優れている。

しかし、もし「知的作業のすべてをＡＩに任せるのは間違っている。重要な知的作業は人間が行うべきである」と考えるならば、「前に進む」「成長・発展する」という価値観に対する再考が必要になる。そして、もし「別の選択肢」を見つけ出そうとするならば、「これまで人類が積み重ねてきた知」を振り返り考察することが必要不可欠であると私は考えている。本書では、そのひとつの糸口を20世紀初頭の「日本文化論」に求めて検討する。

言うまでもなく、日本社会にとって「明治維新（1868年）」は大きな時代の変わり目であった。江戸時代から「明治」という新しい時代に代わり、世の中は急速に西洋化・近代化した。福沢諭吉『西洋事情』（1868年~1870年発刊）に代表されるように、「西洋にあらずんば文化にあらず」という風潮が世の中を占めていた。日々の生活が一気に西洋化・近代化され人々の生活は劇的に「便利」になり、多くの人々はそれを享受していた。社会構造の大きな変化とともに、その時代に生きる人々の価値観や幸福感、思考や判断基準、そして「教育」の枠組みなど、様々な「知」のあり方も大きく変化した。そして必然的に、伝統的な日本文化は社会の片隅に追いやられることになった。

そのような急速な変化が30年ほど続き新しい世紀「20世紀」になると西洋化・近代化されてきた社会の風潮が一段落し、少し落ち着いた時期を迎える。それにともない、多くの研究者や知識人が「この30年の間に、私たちは何か大切なものを失ってしまったのではないか?」と問い始めた（この頃、日清戦争（1894年~1895年）、日露戦争（1904年~1905年）、そして第一次世界大戦（1914年~1918年）が起こったことも少なからず影響している）。そして、日本文化を再度見つめ直すことにより、人間の「知」のあり方や「こころ」のあり方を根底から考察し直そうとし始めた。ここで着目する3冊の書籍はまさに、そのような時期に出版された「人間にとって何が大切か?」を論じた本である。

本書で着目するのは、岡倉天心『茶の本』（1906年（明治39年）発刊）、柳田国男『遠野物語』（1910年（明治43年）発刊）、そして九鬼周造『「いきの構造」』（1930年（昭和5年）発刊）

である。ここで私が重要であると考えるのは、この3冊の著者が共通して「西洋・近代」のこと（例えば、それが合理的であり、効率的であり、便利であること）を十分に理解している知識人だったことである。感情的に「西洋化・近代化」を否定したり、かたくなに「日本の伝統文化」だけを守りその他を排除しようとしたのではない。実際に自分自身も当時の近代化した社会の中で官僚や大学教授などの高い地位を確立した上で、あえてそれまで日本が積み重ねてきた「文化」に着目し、検討しているのである。つまり、これらの著書は、近代化・西洋化が急速に進む時代背景の中で「人間にとって何が大切か？」について「日本文化」というひとつの視点から深く考え抜いた著作なのである。

私は、このような「日本文化論」を検討の出発点とすることにより、今の私たちにとっても「何か大切なもの」が見えてくるかもしれない、そしてＡＩ社会における「知」のあり方を見いだすことができるかもしれない、と考えたのである。

本書では『茶の本』『遠野物語』『「いき」の構造』の3冊を出発点として検討して行くが、原典の引用は必要最小限にとどめた。また、本書の最後に「書籍紹介」としてそれぞれの書籍を紹介したが、そこでも原典の一部を引用したにすぎない。本書がきっかけでさらに興味を持たれた方は、それぞれの原典を読んでいただければ私としても大変嬉しい。

本書で引用させていただいた原典は、以下の通りである。

岡倉天心・大久保喬樹訳（2005）ビギナーズ日本の思想『新訳　茶の本』角川文庫

石井正己（2015）『全文読破　柳田国男の遠野物語』三弥井書店

九鬼周造・大久保喬樹編（2011）ビギナーズ日本の思想『九鬼周造「いきの構造」』角川文庫

第1章 「近代的な知」の脆弱性《ぜいじゃくせい》

▲『茶の本』の視点

1　検討の出発点：岡倉天心『茶の本』

『茶の本』は、1906年（明治39年）に *The Book of Tea* としてニューヨークの出版社から刊行されている。著者の岡倉天心はこの時期、ボストン美術館の中国・日本美術部に勤務しており、この本は西洋人向けに彼が行った一連の講演を基にして英語で書かれたものである。天心は、「茶」には日本文化および伝統的な東洋文明の精神が凝縮されていると考えていた。そして、茶の歴史やその背景にある哲学、茶が生み出した芸術や美意識などさまざまな側面から、日本文化および伝統的な東洋文明の根底に流れる世界観がどのようなものであるかを明らかにしている。

この3年前に天心は『東洋の思想』をやはり英語で執筆し、出版している。この本で天心は、西洋近代文明が無批判的に進んでゆくことを痛烈に批判している。例えば、大規模工業生産や大量消費の結果、自然が人間の都合に合わせて際限なく破壊されていること。さらに、工場などの生産活動において効率を重視するために分業化が進み、そこで働く人々は機械の一部になってしまっていること。その結果、労働者は生産に対する喜びや充実感などが得られないことを批判的に指摘している。そして『茶の本』のなかで、すでに西洋近代文明の行き詰まりを感じ始めている欧米の読者に対し、その解決策として東洋伝統文化の復権を主張するのである（大久保 2003・2016）。

岡倉天心の『茶の本』は、次のように始まる。（以下、『茶の本』の引用および解説は、大久保（2005）を参考にした。）

茶はもともと薬として用いられ、やがて、飲み物となったものである。中国では、8世紀に、優雅な遊びの一種として洗練され、詩歌芸術と並ぶ域にまで達した。さらに日本に入って15世紀には、ついに、美をきわめ、崇《あが》める宗教すなわち茶道へと高められたのである。

そして、次のように続く。

茶道は、雑然とした日々の暮らしの中に身を置きながら、そこに美を見出し、敬《うやま》い尊《とうと》ぶ儀礼である。そこから人は、純粋と調和、たがいに相手を思いやる慈悲心の深さ、社会秩序への畏敬《いけい》の念といったものを教えられる。

一般に「茶道」の英訳は「tea ceremony」として定着しているが、天心はあえて「teaism」を使っている。天心は「茶道」が単なる儀式や儀礼にとどまらず、「道教 Taoism」などと同様の宗教レベルにあると考えるのである。

日本は鎖国によって長く世界から孤立してきた結果、その分、深く自国の文化をかえりみることになり、これが茶道の発達を大きく促すことになった。私たち日本人の住居、習慣、衣服や料理、陶磁器、漆器、絵画、そして文学にいたるまで、すべて茶道の影響を受けていないものはない。日本文化を学ぼうとするなら茶道の存在を知らずにはすまされない。

『茶の本』が出版される少し前の19世紀末から20世紀初めにかけては、日清戦争（1894年～1895年）や日露戦争（1904年～1905年）などが起こっていた。日本は、この一連の有事において中国・ロシアという大国と戦ってその軍事力を示した。この出来事により、アジアの片隅にある小国にすぎないと見なされていた日本に対して、にわかに世界の関心が高まることになる。このような日本への関心という風潮の中で出版されたのが、新渡戸稲造《にとべいなぞう》の『武士道』(1899)である。『武士道』もまた英語で執筆され、欧米の読者に向けて出版された。日本人にとって、大義のためには我が身を犠牲にしても果敢に行動する武士道精神こそ道徳性の根幹であると、新渡戸は主張する。この『武士道』は、「サムライの国日本」という鮮明なイメージを欧米に植え付けることになった。

このような状況に対し『茶の本』では、「日本には、武士道よりももっと深い文化、戦いと死よりも平和と生に導く文化としての茶というものがある」ことを示す。

近年、侍の掟《おきて》――日本の武士が進んで自分の命を捧げる「死の術」――については盛んに論じられるようになってきたが、「生の術」を説く茶道についてはほとんど注意が払われていない。無理解もはなはだしいが、やむをえない。戦争という恐ろしい栄光によらねば文明国と認められないというのであれば、甘んじて野蛮国にとどまることにしよう。私たちの芸術と理想にしかるべき尊敬が払われる時を待つことにしよう。

・・中略(引用者)・・

それまでの間、一服して、お茶でも啜《すす》ろうではないか。午後の日差しを浴びて竹林は照り映え、泉はよろこびに沸き立ち、茶釜からは松風の響きが聞こえてくる。
しばらくの間、はかないものを夢み、
美しくも愚かしいことに思いをめぐらせよう。

天心は、「真理・悟り」は茶のようなもっとも日常的なもののなかに存在すると考えていた。

茶道の本質は、不完全ということの崇拝《すうはい》——物事には完全などということはないということを畏敬の念をもって受け入れ、処《しょ》することにある。不可能を宿命とする人生のただ中にあって、それでもなにかしら可能なものをなし遂げようとする心やさしい試みが茶道なのである。

『茶の本』で天心は茶道について哲学的に語っているが、それは分厚く難解な書物を「勉強する」ような哲学ではなく、「雑然とした日々の暮らしの中に身を置きながら」行うような哲学である。そこでは、茶道の「不完全性」に着目し、その「不完全性」への崇拝こそが東洋的・日本的であると強調する。「完全なもの」や「完成したもの」は、それ以上の変化や発展の余地は望めない。逆に、不完全（不完成）であるからこそ、完全（完成）に向かって無限の可能性が開かれていると天心は主張するのである。例えば、天心は「茶室」に「不完全性の美学」を見いだしている。

茶室（数寄屋《すきや》）は、・・中略（引用者）・・なんらかの要素をわざと未完成のまま残しておくことによって想像力が仕上げの働きを果たすことができるようにという考えから、あえて不完全さということを尊ぶ精神を象徴しているのである。

・・中略（引用者）・・

真の美というものは、不完全なものを前にして、それを心の中で完全なものに仕上げようとする精神の動きにこそ見出されるというのである。人生にせよ、芸術にせよ、これからさらに成長していく可能性があればこそ生き生きしたものとなるのだ。

『茶の本』で天心が根底に据えているのは、「道教」である。「道教」はその基礎に「老荘思想」があり、「道教」の考え方を受け継いだのが「禅」の考え方である。天心はこれらの考え方、哲学、思想を基にして「一杯の茶を啜《すす》ること」の意義を示している。

天心によれば、道教の「道《タオ》」とは移り変わることであり、ひとつの真理が様々な姿に移り変わりうるとする。そして「道教における絶対は相対にほかならない」と言う。つまり、この世の一切は相対的な存在であり固定されているもの（＝絶対）ではないとするのである。
　このような道教を基礎とした「茶道」は、同様に日本において15世紀に生まれた「華道」よりも優れていると天心は考える。しかし、その「華道」よりもさらに劣っているのは西洋のフラワーアレンジメントであるとする。日本の「華道」は花という自然をできる限りそのまま生かしているのに対して、西洋では人間の思うままに花を切ったり加工したりして消費している、と天心は指摘する。

　西洋社会における目茶苦茶《めちゃくちゃ》な花の浪費は、東洋の生け花の宗匠よりもなおひどいものだ。ヨーロッパやアメリカの宴会場を飾るために日々切り取られ、翌日になると捨てられてしまう花の数たるや、莫大《ばくだい》なものにちがいない。もしそれらをひとつなぎにしたら、きっと大陸をぐるりと一周飾りつけることができるほどだろう。こうした花の命に対する徹底した無関心さに比べれば、生け花の宗匠の罪はまだしもささやかなものだ。彼は、少なくとも、自然の秩序を重んじ、注意深い見通しのもとに犠牲者を選びだして、その死後は遺骸《いがい》を手厚く葬ってやるのである。西洋では、花の展示が富の見せびらかしの一部であり、つかの間の遊びであるように思われる。これら多くの花は、騒ぎが終わった後、どこに行く運命なのか。色あせた花がごみの山の上に無情にも放り出されている眺めほど痛ましいものはない。

天心は、花や自然を人間が管理したり操作したりするあり方を厳しく批判する。ここに、天心の思想の核心にある「自然との共生」というテーマが強く打ち出されている。つまり、自然は人間より偉大であり、むやみに人間が手を加えるべきではないという老荘思想の「無為自然」の考え方が反映されているのである。

天心は当時、近代化にともなう工業化により自然環境が破壊されていくことを非常に憂いていた。そして、人間は自然の一部として自然の摂理に沿って生きるべきであると主張した。この考え方は後に、レヴィ＝ストロースの『野生の思考』（1962）などにも受け継がれていくのである（例えば、中沢（2016）参照）。

以上のように、天心は「茶道」を支えている哲学を老荘思想、道教、そして禅に見いだした。そして、近代化・西欧化という大きな流れに行き詰まりを感じていた世界の人々に対し、その行き詰まりを打開するためには伝統的な東洋文明が必要不可欠であることを示したのである。

天心は『茶の本』の中で、利休が好んでいた古歌を紹介している。

花をのみ待つらん人に山里の雪間の草の春を見せばや　藤原家隆

（花ばかりを待っている人たちに見せてやりたいものだ、雪に埋もれた山の中で萌えいでようとして

いる草の芽に潜んでいる満開の春を）

2 テクノロジーがもたらした「幸せな社会」

しかし、その後の世界、そして日本の歴史は、岡倉天心の主張とはまったく異なる方向に展開してきた。つまり、日本社会、特に戦後「高度経済成長期」の日本社会は、テクノロジーの発展を中心として社会の近代化やグローバル化が進められてきた。多くの人々は「経済成長が人類を幸せにする」と考え、また「テクノロジーの発展により人類にとって便利な社会が実現する」と考えてきた。そして実際、20世紀後半の日本は概ね「幸せな社会」だったと言えるかもしれない。簡単に戦後の日本社会を振り返ってみよう。

1945年（昭和20年）の終戦以降、日本社会は著しい発展を遂げてきた。特に、1955年（昭和30年）以降は「高度経済成長期」と呼ばれる右肩上がりの成長が続いた。それは同時に、テレビ（モノクロからカラーへ）、冷蔵庫、洗濯機など新しいテクノロジーが次々と誕生した時代でもある。さらに、月面着陸（1969年、アポロ11号のアームストロング船長が初めて月面を歩いた）、飛行機による気軽な海外旅行、近代医学の恩恵など、私たちにとって「夢のある時代」であった。

１９８０年代から「デジタル・テクノロジー」の時代が到来する。この頃、それまで大学や大手企業にしかなかったコンピュータが「パーソナルコンピュータ（以下、パソコン）」として一般家庭にも普及し、１９９０年代後半にはそのパソコンがインターネットに接続された。それ以前は、新聞やテレビなどの「マスメディア」が一方的に情報を発信し、私たちはそれを受信して情報を得るだけだった。しかし、インターネットに接続されたパソコンにより、私たちは自分に必要な情報や知識を自ら検索することにより獲得することが可能になった。しかも、その情報は世界中どこにあっても瞬時に、そして簡単に獲得できるようになった。

２１世紀を迎えると、「スマートフォン（以下、スマホ）」が爆発的な普及をみせた。スマホの普及により、インターネットにつながったパソコンは人々の手の中に入り持ち歩けるようになった。そして特に若者は、情報を得るだけでなくコミュニケーションや学習、ショッピングなどあらゆる領域においてスマホを活用するようになった。

２０１０年頃から、「新しいＡＩ」が急速に社会の中に普及・浸透してくる。もちろん、それまでもＡＩの研究開発は行われていたけれど、「新しいＡＩ」はそれまでとはまったく異なる設計思想により開発されており、その性能もそれまでとは比較にならないほど高い（「新しいＡＩ」に関しては、次の節で検討する）。

戦後日本社会の価値観は、このようなテクノロジーの発展とも合致していた。「高度経済成長期」の中心的な価値観は「発展・競争・効率」の重視であった。つまり、高度経済成長期における社会の目標は、「発展・・・給料が増えること、物質的に豊かになること、移動が速くなること、そして生活すべてにおいて便利になること」であった。そのために私たちは日々「競争・・・他の人との競争、他の会社との競争、他の学校との競争、他の国との競争」に心身をすり減らしながらがんばってきた。しかし、人間の力と時間には限界がある。だからこそ、短時間で多くの知識や情報を獲得するために「効率」が大切になる。当時の子どもたちもこのような社会の価値観を基に、「効果的・効率的な近代教育」を受けてきたのである。

「近代教育」は、「正しい知識を簡単なものから複雑なものへ、ひとつひとつ系統的に積み重ねてゆく」という方法を基礎としていた。そして、教師は「客観的・普遍的な知識」をできるだけ短時間で効率よく子どもたちに「教え込む」ことにより、「高度経済成長期の社会にとって優秀な子どもたち」を大量に生産してきたのである。

以上のように、これまでの日本社会を振り返ってみると、岡倉天心の主張とはまったく異なる方向性、つまり「西洋近代文明、特にテクノロジーの発展は、人間にとって便利で幸せな社会をもたらす」という考え方に基づき社会を発展させてきたと言えるだろう。

3　最新AIは「どのくらい賢いか?」

このようなテクノロジー発展の行き着いたところに「AI」があると、私は考えている。「新しいAI」は、2010年頃から社会に普及し始めた。「新しいAI」は、それまでのAIとはその設計に関する考え方が根本的に異なっている。つまり、「ひと昔前のAI」は「人間がAIにさせたいことをすべてひとつひとつプログラミングしていた（教えていた）」のだが、2010年頃からは「自律的に学習するAI」が登場したのである。一昔前の「優秀なAI」とは、優秀な人間（プログラマー）が優れた性能のコンピュータに上手にプログラミングをした（教えた）AIだった。ところが、そのようなAIはあらかじめ想定した課題には完璧に答えることが可能だったが、「想定外の出来事」にはまったく対応できなかった（AI研究領域では「フレーム問題」と呼ばれている。詳しくは、渡部（2018）参照）。そこで研究者は「AIが賢くなる」ためにはそれまでとはまったく異なった学習方法が必要であると考え、20年以上に及ぶ研究開発を積み重ねてきた。そして結局、20年以上の歳月を経てAI研究者が開発に成功したのは「人間がすべてをプログラミングするAI」ではなく、「自らが自律的に学習を進めていくAI」であった。この「新しいAI」はWeb上にあるビッグデータ、あるいは巨大企業が保有する大規模サーバーに蓄積されているビッグデータを自律的に学習すること（ディープラーニング）によって賢くなってゆく（詳しくは、渡部 2018・2021）。

「新しいＡＩ」の象徴とされる出来事が、２０１６年3月に起こった。最新のＡＩ「アルファ碁」が囲碁の世界チャンピオンのイ・セドル氏に勝利したのである。イ・セドル氏は韓国棋院所属の九段で、国際棋戦優勝十数回などの実績をもつ世界最強の棋士と言われているひとりである。「アルファ碁」は全5戦のうち4勝を勝ち取り、イ・セドル氏の敗戦が決まった（三宅・森川 2016, 神崎 2016, 日経ビッグデータ 2017）。

囲碁は2人のプレーヤーが白と黒の碁石を「１９×１９」の碁盤上に交互に置いていき相手の石を取り囲みながら自分の領地を広げ、最終的にお互いの領地の面積を競うゲームである。ルールはいたってシンプルだが考えられる手の数はあまりにも膨大になり、起こりうるケースに対して最良の手を事前にプログラミングすることは不可能である（相手が想定外の手を使うことは珍しいことではない）。しかし、「アルファ碁」は「ＡＩ自らが自律的に学習を進めていく」ことにより、世界チャンピオンに勝利するまでの実力を獲得した。さらに世界中の人々を驚かせたのは、「アルファ碁は囲碁専用に作られたＡＩではない」ということだった。「アルファ碁」には当初、囲碁のルールすらプログラミングされていなかった。つまり、「アルファ碁」は人間が囲碁の打ち方や勝ち方を教えた（プログラミングした）ＡＩではないのである。それでは、「アルファ碁」はどのようにして囲碁の打ち方や勝ち方を習得したのだろう？　詳しい解説は拙著『ＡＩ×データ時代の「教育」戦略』（渡部 2021）

に譲るが、「アルファ碁」は囲碁の打ち方や勝ち方をWeb上に投稿された「過去の棋譜」（つまり、囲碁に関するビッグデータ）を自律的に学習するとともに、そのようにしてある程度強くなった複数のAI同士で対戦を繰り返したのである。AI同士の対戦は驚くほどの速さで行われると同時に、膨大な数の対戦を疲れ知らずで行い続ける。そして、人間の世界チャンピオンにも勝利するほどの能力を身につけたのである。

ここであらためて、最新AIは「どのくらい賢いか？」を検討してみよう。「どのくらい賢いか？」を知るひとつの方法としては、「どのレベルの大学入試に合格できるのか？」を調べるのがもっともわかりやすい。

国立情報学研究所の新井紀子氏が実施した『東ロボくんプロジェクト』は「2021年までにAIを東京大学に合格させる」ということを目標にかかげ、2011年に開始された（新井 2014, 2018）。しかし、2021年を待たず、2016年にプロジェクトは一旦中止せざるを得なかった。その理由として新井氏は、現在のAI理論（ビッグデータと機械学習）ではこれ以上の成績向上は不可能であり、東大合格には今後なんらかのブレークスルーが必要であると説明している（新井 2018）。

しかし2016年の時点で、「東ロボくん」は複数の国公立大学やMARCH（明治・青山学院・立教・中央・法政大学の総称）にも合格できる水準にまで到達した。特に、国語と英語のリスニング以外は平均点以上の得点を得ることができたという。未だ東京大学の入試に合格するまでにはいたっていないとしても、この結果を見れば「最新のＡＩはかなり賢い」と考えても良いだろう。

４　すべてＡＩにお任せ：崩壊する人間の「主体性」

たぶん、「便利な社会」を全面的に否定する人は少ないだろう。しかし、私が今とても恐れていることは、このまま行くと「知的作業はすべてＡＩにお任せ」の社会になってしまうことである。例えば、次のような日常が予想される。

私たちは日々、スマホやパソコンを使ってネットで買い物をしている。この情報はすべて、「ビッグデータ」として巨大企業が所有する「クラウド（大規模サーバー群）」に蓄積される。その「ビッグデータ」をＡＩが解析し、私が望まなくても「私に必要なもの」を教えてくれる。さらに、センサーが探知したデータ（例えば、冷蔵庫の中にある食品）と過去の購入履歴をＡＩが解析し、自分で発注しなくても「必要なもの・足りなくなりそうなもの」が家に届く。

私たちは「わからないこと」や「知りたいこと」をネットで検索して調べる。これらの情報はすべて巨大企業が所有する「クラウド（大規模サーバー群）」に蓄積され、最新のＡＩが解析して「今、多くの人は何に興味を持っているのか、何に不安を感じているのか」を明らかにしてくれる。これらの情報は、企業の商品開発（例えば、電化製品や書籍）に活用されるだけでなく、新製品が発売になればすぐに私たちに連絡が来る。

街中に設置されている監視カメラ（防犯カメラ）の情報も、「ビッグデータ」としてＡＩ解析の対象になる。そして、「今、あなたがお付き合いしようとしている彼は、頻繁にラーメン屋に通っています」などと教えてくれる。

そして、今後さらに「オンライン教育」が普及すれば、学習者の学習履歴や成績などすべての情報が「教育ビッグデータ」としてクラウドに収集・蓄積されることになるだろう。それらの「ビッグデータ」をＡＩが解析し、「あなたが○○大学の入試に合格するには、この領域の知識が不足しています」「あなたにピッタリなのは、こんな学習スタイルです」とアドバイスしてくれる。さらに、高校の「教育ビッグデータ」が活用され、大学入試は廃止されるかもしれない。

以上のように、日々進化し続けるＡＩがあなたのあらゆるデータを解析し「より便利な生活」を実現してくれる。

もちろん原則は、あくまでもＡＩの役割りは人間が判断するのを「支援すること」である。しかし、私たちはいつの間にかＡＩの判断を信じ込むようになり、様々な領域において「もう、すべてＡＩにお任せで良い」という気持ちになるだろう。しかし、それは結果的に人間の「判断する力」や「考える力」、そして「主体性」の崩壊をもたらすことになる。

人間は便利になればなるほど、面倒なことはしなくなる。これまでのテクノロジーの発展は、社会を劇的に便利にしてきた。自動車や鉄道の発展により、私たちはより速く目的地に到着できるようになった。インターネットやスマホの普及により、私たちはより簡単に世界中の情報を手にすることができるようになった。その結果、私たちは便利な交通手段があるならば歩いたりしなくなったし、「知りたいこと」を調べるのにわざわざ図書館に行くこともなくなった。今後もテクノロジー、特にAIの発展により私たちは現実世界の「面倒なこと」「つらいこと」「いやなこと」「面白くないこと」はなるべくしないようになるだろう。確かにそれは、「近代化」の自然な流れなのかもしれない。

そして、それは「教育」においても同様である。学習者は特に「主体性」など持たなくても、AI（AI教師あるいはAIチューター）が、その人にとって最も適切な学習の内容や学習の仕方を提案してくれる。そのような便利なAI時代になったならば、子どもたちはもう「主体的に学ぶ」必要などなくなってしまう。そして、教師も学習者もAIのアドバイス通りに「教える―学習する」を繰り返していけば、子どもたちは効率的に社会が求める人材に育ってくれるのである。

5　衰退に向かう社会の中で

物理学者でノーベル賞受賞者のデニス・ガボールは1972年、それ以降の社会を予測して *The Mature Society. A View of the Future*（林雄二郎訳『成熟社会―新しい文明の選択』日本語版は、1973年発刊）を出版した。ガボールによれば、「成長社会」はいずれ否応なく「成熟社会」に移行していく。そして、「成熟社会とは、人口および物質的消費の成長はあきらめても生活の質を成長させることはあきらめない世界であり、物質文明の高い水準にある平和なかつ人類の性質と両立しうる世界である」とする（ガボール 1973）。

現在の日本社会は、約50年前にガボールが予測したように著しい発展は終焉を迎え「成熟社会」に入った。しかし残念ながら、この時代は決してガボールが予測したように「平和」と言えるような社会ではなく、むしろ最近しばしば耳にするように「VUCA」を特徴とする時代になったことを実感する。「VUCA」とは、「Volatility＝不安定」「Uncertainty＝不確実」「Complexity＝複雑」「Ambiguity＝あいまい」の頭文字をつなぎ合わせた造語で、これら4つの要因により社会がきわめて予測困難な状況に陥ることを示している。

私がそのことを改めて実感したのは、2011年3月11日に起こった東日本大震災である。仙台に生まれ育った私は子どもの頃からしばしば地震を経験していたが、今回の地震は桁外れに大きいものだった。そしてその後も、新潟・中越地震、熊本地震などが起こっている。さらに今後、「南海トラフ巨大地震」「首都直下地震」などが予測されている。

地球温暖化や気候変動による様々な災害も深刻である。人間が便利に暮らすために行ってきた様々な活動が原因で、急激な温暖化が起こっている。このまま地球の温度が上がり続ければ洪水や干ばつなども頻発するようになり、生態系や社会は深刻な危機を免れないだろう。また、2020年の新型コロナウイルス感染の世界的な拡大、さらなる「新しいウイルス感染」などもまったく予測困難な状態が続いている。

さらに、今後の日本社会にとって非常に深刻なのは「人口減少・少子高齢化」である。国土交通省によれば、日本の総人口は2008年（平成20年）の1億2,808万人をピークにして減少に転じ、2050年には1億人程度となり、さらに2100年の予想人口は6,000万人を割り込むまでに減少する（註1）。このような「人口減少・少子高齢化」は、労働力に直接つながる生産年齢人口の落ち込みに直結する。「働き盛り」人口の減少は、生産力の低下と同時に消費の縮小をもたらし景気停滞を誘発する。これは、日本としての国力の低下にも直結する。高齢化も深刻で、65歳以上の高齢者が人口に占める割合が2050年には37、7%になると予測される。その結果、高齢者の年金、医療、介護の負担は少なくなった若者に重くのしかかる（註1）。

一方、国際情勢も深刻である。米中2大大国の対立、隣国・韓国との関係や北朝鮮問題など課題は山積みである。さらに、ロシアのウクライナ侵攻は「戦争」が決して歴史の教科書に書いてある昔話ではなく、私たちの目の前で起こっている現実であることを実感させる。ロシアに対する経済制裁に端を発するガソリン価格や食料価格の上昇は、私たちの日常生活にも直接影響する。さらに、台湾や尖閣諸島の問題は他人事ではなく、そのための軍事費拡大も私たちの生活経済に大きく影響するだろう。

以上のように、今後の日本社会は数多くの困難な問題に直面するだろう。これからの社会を生きて行く子どもたちの前途には、多くの困難が待ち構えているのである。

6　スマホの中にある「リアリティ」

今の若者は、生まれたときから「スマホ」があった。「アイフォン　iPhone」が発売開始されたのが、2007年。それ以降、スマホは爆発的に普及した。2010年頃から簡単に個人的な写真を公開できる「インスタグラム　Instagram」が開発されると、「インスタ映え」する多くの写真が投稿され始める。さらに動画共有サービス「ユーチューブ　YouTube」の開発により、多くの若者が自分の日常を動画で公開し始めた。

彼らの中には、スマホの「授乳アプリ（赤ちゃんが母乳を飲んだ量や時間を管理するアプリ）」により育てられた子どももいる。また、スマホから流れてくる乳幼児の睡眠を促進する音楽や映像を見聞きして育ってきたかもしれない。「トイレットトレーニング」のアプリでは、キャラクターが歌ったり踊ったりして子どもをトイレに誘導してくれる。母親が料理や掃除をしている間には静かにさせるためにスマホを与えられていたし、母親が買い物の間はスマホを見ておとなしく過ごすことが多かったかもしれない。

また、シリーズの累計ダウンロード数が１０００万を超える大ヒットとなった『おにから電話』というアプリがある。子どもが親の言うことを聞かないとき、鬼から電話がかかってきて「叱ってくれる」というアプリである（石川 2017）。子どもが親の言うことをどうしても聞かないとき、スマホが鳴り、電話に出ると鬼や魔女、お化けなどあらかじめ設定したキャラクターが現れ、怖い顔と荒々しい声で子どもを怒ってくれる。彼らの中には「現実世界で親から叱られる」という経験を持たない子どもも少なくないと言う。まさに、今の若者にとってスマホ社会は、「生きていく環境そのもの」であり、「スマホのない社会」など考えることはできないだろう。

そのような彼らは、友だちとのコミュニケーションも対面ではなく「ＳＮＳ」が中心だという。しかし阪田によれば、今の若者も昔と変わらず「人間とつながりたい」という気持ちは強く、だからこそ「ＳＮＳ」が流行っていると言う（阪田他 2020）。確かに、彼らは「リアルでつながるのはめんどくさいし、しんどい」と感じている。しかし、「人間とつながりたい」という気持ちは強く持っている。それで、サクッとコミュニケーションがとれる「ＳＮＳ」を好んで使うと阪田は分析している。

例えば、新入生の友だち関係に関しても昔とは少し異なっていると阪田は言う。新入生の友だち関係に関して、友人同士の学生に「あなたたち、何がきっかけで友だちになったの？」と聞くと、ちょっと昔なら「入学式で隣同士になって」とか「○○の授業で一緒だったから」といったような答えが多かった。しかし最近は、「ＳＮＳで友だちになった」という学生が増えた。入学する前からＳＮＳ上でもう「友だち」になっていて、入学してから本人に会い「ああ、あなたが○○さんね」というのが最近の「友だち」づくりの順序らしい（阪田他 2020）。昔のように入学式で隣の子に声をかけるのは勇気が必要だし、けんかをしてしまった友だちとの関係を修復するのも大変である。しかし、ＳＮＳだと「つながる」のも簡単、「切る」のも簡単にできてしまう。今の若者にとっては、そのくらいのつながりが「ちょうど良い」と感じられるのである。

さらにもうひとつ、私が最近気になっていることがある。私は地下鉄を使って通勤しているが、学生や若いビジネスマンはイヤホンで音楽を聴きながら、スマホから目を離すことはない。つまり外界の情報に対し、視覚はスマホで遮断し、聴覚はイヤホンで遮断し、加えて新型コロナウィルス感染拡大以降は臭覚もマスクで遮断している。確かに地下鉄の中では視覚・聴覚・臭覚を遮断しても特に問題はないかもしれないけれど、これが日常生活でも同様だとすると「彼らは意図的に現実世界との関わりを避けているのかもしれない」と思ってしまう。そして、彼らは現実世界の中には「リアリティ」を求めておらず、彼らにとっての「リアリティ」はスマホの中のバーチャルな世界にあるのではないかと思えてくる。

7 「現実」から逃げ出す若者たち

2010年代、当時の若者を象徴する言葉として「さとり世代」が流行した。彼らが生まれたのは1980年代後半から2000年代前半で、不景気で不安定な社会で育っている。「さとり世代」は、「欲が無い」「恋愛に興味が無い」「車に興味がない」「旅行に行かない」などの特徴があると言われている（原田 2013）。休日は自宅で過ごしていることが多く、「無駄遣いをしない」「気の合わない人とは付き合わない」傾向が高い。しかし、インターネットネイティブである彼らは情報が豊富で、無駄な努力や衝突は避け、大きな夢や高望みが無く、ある意味で「合理性」を重視する傾向があるという。

こうした若者の特徴は経済が成熟した国で見られる気質であり、日本に限った事ではない。例えば韓国では、若者に対して２０１１年から「三放世代」「五放世代」「七放世代」という呼び方が流行している。韓国では、それまでの急速な高度経済成長や民主化が１９９７年のアジア通貨危機が発端となり一気に崩れだした。労働市場は一時雇用化が進み、低収入で不安定な若者が一気に増加した。その結果、多くの若者が「恋愛」「結婚」「出産」を諦め、「三放世代」と呼ばれるようになった。その後もこの状況は悪化し、加えて「就職」「マイホーム」をも諦める「五放世代」、さらに加えて「人間関係」「夢」をも諦める「七放世代」が出現している。

中国においても若者を取り巻く環境は同様であり、競争社会を忌避し住宅購入などの高額消費、結婚・出産を諦めるライフスタイルを選択しているという。そのような彼らは、「寝そべり族」あるいは「寝そべり主義」と呼ばれている。無駄な努力はせずに、寝そべりながらそのような時代をやり過ごすということらしい。以上のように、今の若者は「生きづらい社会」の中で努力したり無理に頑張ったりせず、「そこそこ幸せに生きて行く」という生き方を選択している。

さて、そのような若者が夢中になっているのが「ゲーム」である。最近、子どもたちや若者の間で人気になっているのが「マインクラフト」や「スプラトゥーン」、そして「フォートナイト」など、いわゆる「仮想世界」の中でインターネットにつながった知らない者同士が戦ったり協力しあって楽しむゲームである。

「仮想世界」に関しては第3章で詳しく検討するが、多くの若者が「生きづらい現実」から逃げ出し「楽しくてワクワクする仮想世界」に逃げ込んだとしてもまったく不思議ではないだろう。

一体なぜ、こんなことになってしまったのだろう？　ここまで私たちが積み上げてきた「知」は、本当に「人類に幸せをもたらす知」だったのだろうか？　一方でAIという「社会を便利にしてくれるテクノロジー」「人間を幸せにしてくれるはずのテクノロジー」が生み出されたにもかかわらず、もう一方では多くの若者が現実世界から逃げてゆく。いや、冷静になって考えれば、若者が逃げ出して行く先もやはり「テクノロジーが作り上げた仮想世界」だとしたら、私は一体この現状をどのように考えたら良いのだろう？

8　これからのAI社会に必要な「知」とは？

今後、「想定内の課題」や「論理的に考えれば解決できる課題」はAIが担うことになるだろう。それは結果的に、私たち人間は「想定外の課題」や「理屈では解決できない課題」を担わざるを得ないことを意味している。あらためて考えてみれば、「自分で考え、創造し、表現すること」には多くの時間と労力が必要不可欠である。しかも、多くの時間と労力をかければ必ず望んでいる結果が得られるとは限らない。むしろ現実世界では、自分が思うようには行かなかったり失敗することの方が多い。しかし実際には、もしそこで課題解決に失敗したとしても、その失敗により人間は大きく成長することができる。換言すれば、そのような失敗は「想定外の出来事」や「正解のない課題」に遭遇しても試行錯誤しながら「(完璧ではなくても)何とかうまくやってゆく能力」の育成につながる。まさにそれが、その人だけが持つ「リアリティがともなった知」の育成である。基本的に、その人の「リアリティ」は個人的なものであり、問題解決に直面したときには「人それぞれの解決策」が提案されることになる。しかし、そこでは「合理性や効率を重視する知」では得られないユニークな解決策が提案される可能性もある。

例えば現在、AIが搭載された自動運転車の開発が最終段階にさしかかっている。その最後の壁になっているのが、価値観や倫理観の問題である。例えば、「一本道で子どもが急に飛び出してきたとき、AIはどのような判断をくだすのか?」という問題である(岡本 2018)。「子どもを助けるために急ハンドルを切り(場合によっては、電柱にぶつかり)運転者を犠牲にする」のか、あるいは「その車を購入してくれた運転者を優先的に守るために、直進する」のか? これは、いわば「正解のない問題」である。論理的に考えれば正解が得られるような問題ならばAIは得意であるが、このような「正解のない問題」は個々の人間の価値観や倫理観に委《ゆだ》ねざるを得ない（註2）。その人がこれまでにどのような人生をおくってきたのか、まさにその人が持っている「リアリティ」により正解は変わってくるのである。これからのＡＩ社会では、このような「知」の重要性が増してくるだろう。

私は今、これまでの日本社会が依拠してきた「近代的な知」に対して大きな「脆弱性《ぜいじゃくせい》」を感じている。この「知」は右肩上がりの発展を遂げているときには良いものだったが、一旦何かが起こったときには非常に「脆《もろ》くて弱い知」であることを実感している。それでは、これからの時代に必要な「知」とは、どのような「知」なのだろう？

次章以降で、引き続き検討してゆく。

第2章

「知」が持つ「時間の厚み」

▲『遠野物語』の視点

1　検討の出発点：柳田国男『遠野物語』

『遠野物語』は、柳田国男が遠野出身の佐々木喜善《きぜん》から聞いた岩手県遠野地方に伝わる話をまとめ、1910年（明治43年）に公表された。大小119の短章からなっており、山や里の神の話をはじめ、天狗・河童・雪女など妖怪や幽霊の話などさまざまな話が入り混じって並べられている。まず、『遠野物語』の「序」にあたる部分である。（以下、『遠野物語』の引用および解説は、「石井2015」を参考にした。）

此《この》話はすべて遠野の人佐々木鏡《きょうせき》石君より聞きたり。昨明治42年の2月頃より始めて夜分折々訪ね来《きた》り此《この》話をせられしを筆記せしなり。鏡石君は話上手には非《あら》ざれども誠実なる人なり。自分も亦《また》一字一句をも加減せず感じたるままを書きたり。

「佐々木鏡石《きょうせき》君」とあるのは佐々木喜善《きぜん》のことで、「鏡石」はペンネームである。佐々木喜善は1886年（明治19年）生まれで、当時は早稲田大学文学部の学生だった。

さて、最初に紹介するのは『遠野物語』の中でも特に多くの人々に知られている「河童《かっぱ》」の話である。

57　川の岸の砂の上には河童《かっぱ》の足跡と云うものを見ること決して珍らしからず。雨の日の翌日などは殊《こと》に此事《このこと》あり。猿の足と同じく親指は離れて人間の手の跡《あと》に似たり。長さは三寸《ずん》に足らず。指先のあとは人ののように明《あきら》かには見えずと云う。

河童は川に住んでおり、手には水掻きがついていた。とても醜く、忌《い》み嫌われていた。しかし、「河童」というものは「妖怪」という類《たぐい》のものではなく、「人間に似た実在する存在」として描かれている。実際、博物館などに「河童のミイラ」も残っており、何らかの身体の異常を持って生まれ育った人なのかもしれない。第55話は、河童が村の女性のところに夜な夜な通ってきて、女性を妊娠させたという話である。女性は河童の子を出産したが、親戚一族はこの生まれてきた子を切り刻んで一生樽に入れ土に埋めた。そのようなことがたまたまではなく、2代続けて起こったというのである。

55　川には河童多く住めり。猿ケ石川《さるがいしがわ》殊《こと》に多し。松崎村の川端《かわばた》の家にて、二代まで続けて河童の子を孕《はら》みたる者あり。生れし子は斬《き》り刻みて一升樽《だる》に入れ、土中《どちゅう》に埋めたり。其《その》形極めて醜怪《しゅうかい》なるものなりき。

・・中略（引用者）・・

此《この》娘の母も亦曾《かつ》て河童の子を産みしことありと云う。二代や三代の因縁《いんねん》には非《あら》ずと言う者もあり。此家も如法《にょほう》の豪家《ごうか》にて○○○○と云う士族なり。村会議員をしたることもあり。

この話には、「子殺しの話」と「固有名詞がある話」という2つのポイントがある。「生れし子は斬《き》り刻みて一升樽《だる》に入れ、土中《どちゅう》に埋めたり」というのは、まさに「子殺しの話」である。かつて前近代の日本では、家を維持していくために「間引《まび》き」という風習が残っていた。この話は、何らかの身体の異常を持って生まれてきた子どもを家の事情から処分したという話なのかもしれない（ただし、『遠野物語』が刊行された頃には、この風習はなくなっていたという）。『遠野物語』では「子殺しの話」だけでなく、「親殺しの話」も出てくる。石井はこれらの話を「負の遺産」と呼び、「人間の持つ普遍的な問題を考える上で、とても大きな価値がある」としている（石井 2016）。そして、このような話は「遠野」という地域のコミュニティ内の話であり、自分自身が血を引く先祖の話であることも多かった。つまりそれは、話をする側の人間にとっても、話を聞く側の人間にとっても「リアリティ」あるものだった。

そしてもうひとつのポイントは、「此家も如法《にょほう》の豪家《ごうか》にて○○○○と云う士族なり。村会議員をしたることもあり」とあるが、実際そこには遠野に実在した士族の「固有名詞」が書かれていたということである。『遠野物語』の草稿・清書・初校すべてに実在する人物の固有名詞が入っていたが、初版刊行の時に伏《ふ》せ字になったという。柳田国男は「目前の現実」ということを示すために地名や人名などの固有名詞を可能な限り示して詳細に表現しようとしていた（石井 2016）。

次は、神様の話である。かつての日本には、私たちの身近なところに神様が存在していた。台所やトイレにもそれぞれ神様がいると信じられており、ある意味で日々の生活を律する規範になっていた。柳田は神々を、「里の神」「家の神」「山の神」の3つに分類している。この「家の神」の分類の中に「オシラサマ」の話がある。

69　今の土淵《つちぶち》村には大同《だいどう》と云う家二軒あり。山口の大同は当主を大洞万之丞《おおほらまんのじょう》と云う。此《この》人の養母《ようぼ》名はおひで、八十を超えて今も達者なり。佐々木氏の祖母の姉なり。魔法に長《ちょう》じたり。まじないにて蛇を殺し、木に止まれる鳥を落としなどするを佐々木君はよく見せてもらいたり。昨年の旧暦正月十五日に、此《この》老女の語りしには、昔ある処《ところ》に貧しき百姓あり。妻は無くて美しき娘あり。又一匹の馬を養《やしな》う。娘此《この》馬を愛して夜になれば厩舎《うまや》に行きて寝《い》ね、終《つい》に馬と夫婦に成《な》れり。或夜《あるよ》父は此事を知りて、其次《その》の日に娘には知らせず、馬を連れ出して桑《くわ》の木の下につり下げて殺したり。その夜娘は馬の居らぬより父に尋ねて此事《この》を知り、驚き悲しみて桑の木の下に行き、死したる馬の首に縋《すが》りて泣きいたりしを、父は之《これ》を悪《にく》みて斧《おの》を以《もっ》て後より馬の首を切り落せしに、忽《たちま》ち娘は其《その》首に乗りたるまま天に昇り去れり。オシラサマと云うは此《この》時より成りたる神なり。馬をつり下げたる桑の枝にて其神の像を作る。

・・後略（引用者）・・

「オシラサマ」は、現在でも東北地方の民間信仰を代表する神になっており、養蚕《ようさん》の神、眼の神、女性の病気を治してくれる神として受け継がれている。「ザシキワラシ」もまた、家の神として有名である。

17 旧家《きゅうか》にはザシキワラシと云う神の住みたまう家少なからず。此神は多くは十二三ばかりの童児《どうじ》なり。折々人に姿を見することあり。土淵《つちぶち》村大字飯豊《おおあざいいで》の今淵勘十郎《いまぶちかんじゅうろう》と云う人の家にては、近き頃高等女学校に居《い》る娘の休暇にて帰りてありしが、或日《あるひ》廊下にてはたとザシキワラシに行き逢《あ》い大《おお》いに驚きしことあり。これは正《まさ》しく男の児なりき。同じ村山口なる佐々木氏にては、母人ひとり縫物《ぬいもの》して居りしに、次の間にて紙のがさがさと云う音あり。此室《このしつ》は家の主人の部屋にて、其時《そのとき》は東京に行き不在の折なれば、怪しと思いて板戸を開き見るに何の影も無し。暫時《しばらく》の間坐りて居《お》ればやがて又頻《しきり》に鼻を鳴す音あり。さては坐敷《ざしき》ワラシなりけりと思えり。此家にも坐敷ワラシ住めりと云うこと、久しき以前よりの沙汰《さた》なりき。此神の宿りたまう家は富貴《ふうき》自在なりと云うことなり。

最後の一文は、「ザシキワラシ」が住んでいる家は裕福になるということを示している。このように「ザシキワラシ」は単なる妖怪ではなく、「家の神」とされていたのである。人間を化《ば》かしたり騙《だま》したりするという「狐《きつね》」の話は、『遠野物語』にも出てくる。

94　この菊蔵、柏崎《かしわざき》なる姉の家に用ありて行き、振舞われたる残りの餅《もち》を懐《ふところ》に入れて、愛宕山の麓《ふもと》の林を過ぎしに、象坪《ぞうつぼ》の藤七と云う大酒呑にて彼と仲善《なかよし》の友に行き逢《あ》えり。そこは林の中なれど少しく芝原《しばはら》ある所なり。藤七はにこにことしてその芝原を指《ゆびさ》し、ここで相撲を取らぬかと云う。菊蔵之《これ》を諾《だく》し、二人草原にて暫《しばら》く遊びしが、この藤七如何《いか》にも弱く軽く自由に抱《かか》えては投げらるる故《ゆえ》、面白きままに三番まで取りたり。藤七が曰《いわ》く、今日はとてもかなわず、さあ行くべしとて別れたり。四五間《しごけん》も行きて後《のち》心付《づ》きたるにかの餅見えず。相撲場に戻りて探したれど無し。始めて狐《きつね》ならんかと思いたれど、外聞《がいぶん》を恥じて人にも言わざりしが、四五日の後酒屋にて藤七に逢い其《その》話をせしに、おれは相撲など取るものか、その日は浜へ行きてありしものをと言いて、愈《いよいよ》狐と相撲を取りしこと露顕《ろけん》したり。されど菊蔵は猶《なお》他の人々には包み隠してありしが、昨年の正月の休に人々酒を飲み狐の話をせしとき、おれも実はと此《この》話を白状し、大に笑われたり。

正月の宴席で、菊蔵が自分の体験とした語った「狐に騙《だま》されて餅をとられた」という話である。佐々木喜善が菊池菊蔵から実際に聞いた話であり、「昨年の正月の休み」は1909年（明治42年）であることもわかっている。『遠野物語』が作り話（うその話）ではなく、「実際に遠野の人々によって語られた話」であることがわかる。また、『遠野物語』では、神や妖怪、死んだ人の話だけでなく、動物たちとも共に生きていた様子が記されている。そこからは、人間が特権的な存在ではないことが明らかになるのである（石井 2016）。

近代社会において、家族が死を受け入れるための環境はどんどん奪われている。石井は、隣の家の人がどんな人で何をしているかもわからないような今の「無縁社会」では生まれようのない話として、次の第８６話を紹介している。

８６　土淵村《つちぶちむら》の中央にて役場小学校などの在る所を字本宿《あざもとじゅく》と云う。此所《この》に豆腐屋を業《わざ》とする政《まさ》と云う者、今三十六七なるべし。此人の父大病にて死なんとする頃、此村と小烏瀬《こがらせ》川を隔てたる字下栃内《あざしもとちない》に普請《ふしん》ありて、地固めの堂突《どうづき》を為す所へ、夕方に政の父独《ひとり》来《きた》りて人々に挨拶し、おれも堂突を為すべしとて暫時《ざんじ》仲間に入りて仕事を為し、稍《やや》暗くなりて皆と共に帰りたり。あとにて人々あの人は大病の筈《はず》なるにと少し不思議に思いしが、後に聞けば其日亡くなりたりとのことなり。人々悔《くや》みに行き今日《きょう》のことを語りしが、其時刻《そのじこく》は恰《あたか》も病人が息を引き取らんとする頃なりき。

政《まさ》という人のお父さんが亡くなった。後で話を聞くと、その亡くなったのと同時刻に村人が共同作業をしているところにそのお父さんが「俺も手伝う」と言って一緒に働いてくれたという話である。石井は、『遠野物語』には「あちこちに死の風景があるので、死ぬというのはそんなに怖いことではない」としている（石井 2016）。

次に示すのは、『遠野物語』では「魂の行方」に分類されている話であるが、魂が死の瀬戸際まで行ったすえに戻ってきたという話である。

97　飯豊《いいで》の菊池松之丞《まつのじょう》と云う人傷寒《しょうかん》を病み、度々息を引きつめし時、自分は田圃《たんぼ》に出《い》でて菩提寺なるキセイ院へ急ぎ行かんとす。足に少し力を入れたるに、図《はか》らず空中に飛上り、凡《およ》そ人の頭ほどの所を次第に前下《まえさが》りに行き、又少し力を入るれば昇ること始《はじめ》の如《ごと》し。何とも言われず快《こころよ》し。寺の門に近づくに人群集《ひとぐんしゅう》せり。何故《なにゆえ》ならんと訝《いぶか》りつつ門を入《い》れば、紅《くれない》の芥子《けし》の花咲満ち、見渡す限《かぎり》も知らず。いよいよ心持《こころもち》よし。この花の間に亡くなりし父立《た》てり。お前も来たのかと云う。これに何か返事をしながら猶《なお》行くに、以前失《うしな》いたる男の子居《お》りて、トッチャお前も来たかと去う。お前はここに居《い》たのかと言いつつ近よらんとすれば、今来てはいけないと去う。比時門の辺《あたり》にて騒しく我名を喚《よ》ぶ者ありて、うるさきこと限りなけれど、拠《よんどころ》なければ心も重くいやいやながら引返したりと思えば正気付きたり。親族の者寄り集《つど》い水など打ちそそぎて喚生《よびい》かしたるなり。

「傷寒《しょうかん》」とは腸チフスのことであり、松之丞は呼吸困難になり魂が肉体を離れて空中を飛んで菩提寺に向かう。そこには「あの世・死の世界」があるのだろう。そこにはすでに死んでいる父親もいて「おまえも来たのか」と云う。また、自分より先に死んでしまった男の子もいて「トッチャおまえも来たか」と云う。そして、今まさに「あの世・死の世界」に踏み込もうとしている父親に対して「今来てはいけない」と言う。『遠野物語』では、「ふだん生活しているごく身近な場所に死の空間がある」「時には生と死の境界そのものが曖昧になることも」あると石井は解説している（石井 2016）。

『遠野物語』が刊行されたのが、1910年。この100年余りの間に、私たちの暮らしは大きく変わってしまったと驚かざるを得ない。一般には、その変化は「近代化」と称され、私たちにとっては「幸せなこと」とされる。そして、近代化という線路の先に「AI社会」がある。

『遠野物語』を読むとあらためて、「人間にとって本当の幸せとは何だろう?」と考えさせられるのである。

2 『遠野物語』が書かれた背景

『遠野物語』と言えば多くの人々は、古い民家の囲炉裏端で年老いたお婆さんがトツトツと語る昔話や民話を思い浮かべるかもしれない。そして、根っからの民俗学者である柳田国男が、そのようなお婆さんの語る話をひとつひとつ丹念に書き取ってまとめたのが『遠野物語』であると思っているかもしれない。それは周囲を山々に囲まれた「遠野」という東北地方の小さな村だからこそ、急激に進む明治の近代化からの影響を受けずになんとか残っていた貴重な昔話であると考えているかもしれない。

しかし、このような『遠野物語』に対するイメージは、後に意図的に作られたものである。結論を言えば、このようなイメージは昭和45年（1970年）に開催された岩手国体をきっかけにして始まった「民話をひとつの観光資源とした町作り」のイメージである。それが成功して、今では遠野と言えば「民話のふるさと」として全国に知られるようになったのである（石井 2016）。特に、曲がり屋の囲炉裏端で語り部のお婆さんが昔話を語る様子は、多くの人がテレビなどで目にしたことがあるだろう。

それでは、『遠野物語』の本当の姿とは、どのようなものなのか？

まず、著者の柳田国男はもともと民俗学者ではなく、東京帝国大学で農政学を修めた後、1900年（明治33年）に農商務省農務局に入省した農務官僚である。若い頃の柳田は全国各地を視察して回り、小作人ら零細農民の保護や生活改良を目指した政策や制度を政府に提案する仕事に就いていた。昔ながらの非科学的・非効率的な農法を行っていた農民に対して、当時急速に導入されつつあった西洋的・近代的な農法を日本の隅々に普及させるという理想が柳田にはあった。

しかし実際には、柳田が農民のために活動しても、農民にとってはエリート役人が上から一方的に押しつける命令としか受け取られなかった。そのような柳田の経験が、農民や日本人が持つ思想の原型を探求させる原動力になったという（石井 2016）。特に、柳田は1909年（明治42年）に宮崎県椎葉村《しいばそん》を訪れ、その地では昔ながらの猪《いのしし》狩りと焼き畑が行われていることを知る。そして、急速に近代化が進む日本においても地域に根ざした多様な文化が生き続けていることに気づき、この地方の猪狩り伝承をまとめた『後狩詞記《のちのかりことばのき》』を自費で出版した。そして、翌年に『遠野物語』を発表、近代日本民俗学の基礎を築いたのである。

『遠野物語』の取材・執筆も、多くの人が持つイメージのように柳田自身が実際に遠野に行き現地の人、特にお婆さんから丁寧な聞き取りをしてまとめたものではない。『遠野物語』の話を柳田に語ったのは、佐々木喜善《きぜん》という遠野出身の早稲田大学文学部の学生である。「遠野」で生まれ育った喜善は小説家志望で、故郷に伝わる神や妖怪の話、家々の伝承などを柳田に語った。それを柳田が書き留めたのが『遠野物語』である。

さらに、「遠野」は決して文明から閉ざされた土地ではなかった。それどころか、「遠野」は三陸海岸と内陸を結ぶ交通の要所であり、昔から人や馬が行き交う賑やかな町（繁華《はんか》の地）であった。

1：前略（引用者）：此地《このち》へ行くには花巻の停車場にて汽車を下り、北上川を渡り、其《その》川の支流猿ヶ《さるが》石川《いしかわ》の渓《たに》を伝いて、東の方へ入ること十三里、遠野の町に至る。山奥には珍らしき繁華《はんか》の地なり。：

後略（引用者）・・

そこでは、物資を運ぶ「駄賃づけ」や農耕馬など「馬」との関係性が深かった。そこから「オシラサマ」などの伝承が生まれたと考えられている。

以上のように私たちが現在持っている『遠野物語』に対するイメージが事実とは異なったものだとしても、『遠野物語』が持つ「人間を理解するうえでの視点」の重要性はまったく変わらない。それどころか、近年私たちが経験している様々な自然災害、そして新型コロナウィルスの感染拡大などに対して、私たちはどのような「知（考え方や価値観）」をもって対応したら良いのかを考える上で、『遠野物語』は多くの有効な示唆を与えてくれる。さらに、テクノロジーがどれほど発展しても昔と変わることのない（変えることができない）「人間の本質」について教えてくれるのである。

3　すでに存在していた科学的「妖怪学」

『遠野物語』を読んでいると、この本が昔々未だ「科学文明」などその片鱗さえもない時代に書かれたものであると錯覚してしまう。しかし、柳田国男がこの本を執筆していた頃、時代はすでに「近代文明」が急速に日本社会に浸透しつつあった。

そして、大変興味深いことに、柳田国男が『遠野物語』を執筆していた頃、すでに「妖怪」を科学的に研究しようという試みがなされ社会的にも知られていた。例えば、井上円了《えんりょう》は『妖怪学講義』を出版し、柳田よりも10~20年早く科学的な「妖怪学」と呼ばれる学問の創始者として世間ではよく知られる存在であった。もちろん柳田自身もそのことを承知していたが、それでもなお『遠野物語』を執筆・出版したのである。以下、井上円了について少し詳しく見ておこう（菊地 2013、三浦 2013）。

井上円了は1858年（安政5年）、明治維新の10年前に越後の国、今の新潟県長岡に生まれた。井上は、柳田よりも17歳年上ということになる。越後は昔から『北越奇談』『北越雪譜《せっぷ》』などの奇事《きじ》・怪異《かいい》・怪談が多い地域としていられていたが、特に円了が生まれたのは慈光寺《じこうじ》という東本願寺の末寺であり、幼いときから「死後の世界」が身近にあったという。

1881年（明治14年）、円了は東京大学文学部哲学科に入学した。当時は西洋の学問の移入期であり、東京大学でも西洋諸学を学ぶことが大きな目的とされていた。ここで円了に大きな影響を与えたのが、ドイツ人医師エルヴィン・フォン・ベルツである（岡倉天心がフェノロサから大きな影響を受けたことと共通している）。ベルツは1876年、お雇い外国人教師として来日し東京大学医学部で精神医学講座を担当していた。当時は明治維新により「西洋化・近代化」が急速に進んでいたにもかかわらず、世間では「狐憑《きつねつ》き」が多発していたと言う。日本政府はこれを憂慮し、ベルツに調査・研究を依頼した。その結果、ベルツは以下のような研究成果を公表した。

ベルツによれば、ヨーロッパやアジアのほぼ全域に類似の病がある。日本の場合は狐《きつね》であるが、憑依《ひょうい》するものは国や地域によって異なり名称もそれぞれ異なっている。しかし、とりつかれた患者の症状はほぼ同じであり、特に他者の暗示が大きく影響している。例えば、祈禱師《きとうし》から狐《きつね》が憑《つ》いたと言われと、憑かれた本人も周囲の人々も、言われるがままにすっかり納得してしまう。つまり、その患者が生活している共同体の存在が大きいとする。

そして、直接の原因は憑依《ひょうい》したと信じている人の「大脳」にあるとベルツは言う。これが、ベルツの「狐憑病説《こひょうびょうせつ》」である。脳内におけるエネルギー分布の均衡がくずれたとき、知覚や運動に異常が生じて精神活動に支障をきたすというのである（菊地 2013）。

このようなベルツの研究は、妖怪の存在を科学的に解明しようとしていた当時の井上円了に対して大きな影響を与えた。円了は明治の近代化のなかで未だ存在していた狐や狸の妖怪話は迷信にすぎず、その正体を明らかにしたうえで「教育」を通じて世にひろめていこうとしたのである。

1887年（明治20年）井上円了は大学を卒業した後、エリート官僚になる道を捨て「哲学館」（現東洋大学）を開学した。そこで円了は「妖怪学」の講義を行い、日本各地で多くの怪異談を収集した。円了は当時多発していた狐憑《きつねつ》きやコックリさんなどの怪現象に対して、哲学・応用心理学の立場から首尾一貫して合理的に解明しようとしたのである。

哲学館での研究成果をまとめて円了は、『妖怪学講義』を1893年（明治26年）、1896年（明治29年）の2度に渡って出版している。最初の出版は、①全国の有志より寄せられた各地の妖怪の報告（462件）、②実地について研究した、コックリの件、催眠術の件、魔法の件、白狐の件等（10件）、③北海道から九州までの全国各地で実地に見聞したもの（32件）、そして④数年間にわたる古今の妖怪についての文献調査（500部）を単行本（6分冊）にまとめて刊行している。

この単行本は全体で2000ページを超える大著であり、哲学を中心に心理学や医学などを加えて「妖怪とは何か？」を明らかにしようとしたのであった（菊地 2013、三浦 2013）。

4　柳田はなぜ『遠野物語』を書いたのか？

井上円了の『妖怪学講義』は、妖怪話を科学的に解明しようとした学問の発展から見れば一歩進んだものだった。それに対して柳田国男の『遠野物語』は、山の神や里の神、天狗や河童などの妖怪や幽霊など遠野に伝わる話をまとめたものである。妖怪に対する科学的研究がすでにある中で、柳田はなぜ『遠野物語』を書いたのか？

円了と柳田の2人の間には17歳の年齢差があるが、2人の活動時期は重なっている。しかし、2人の間で妖怪学をめぐる論争のようなものはなかった。また、円了が柳田の研究に触れた記述は見当たらない（三浦 2013）。一方、柳田は円了の『妖怪学講義』を読んだうえで、その学説を批判している。柳田は1905年（明治38年）、31歳のときに発表した「幽冥談」の中で、次のように書いている（三浦 2013）。

僕は井上円了さんなどに対しては徹頭徹尾反対の意を表せざるを得ないのである。此頃妖怪学の講義などと云ふものがあるが、妖怪の説明などは井上円了さんに始ったのではない。徳川時代の学僧などに生意気な奴があって怪異弁談とか弁妄とか云ふやうな物を作って、妖怪と云ふものは吾々の心の迷から生ずるものであって決して不思議に思って怖るべきものでないと言って居る・・後略（引用者）・・

石井はその著書『遠野物語の誕生』のなかで柳田と円了の関係を分析しており、迷信や妖怪に対する考え方の違いを指摘している。つまり、円了は合理的・実証的な考え方を基礎として、迷信の打破や妖怪の撲滅を目標とした。それに対して柳田国男は、「迷信」という言葉を避け「民間信仰」という言葉を重視し、迷信を「無知」として片付けるのではなく人々がなぜそう考えるのかを知ることが重要だとした（石井 2000）。

後の人類学者・小松和彦も、柳田と同様の立場を取る。例えば、円了が「化け物屋敷でタヌキが拍子木《ひょうしぎ》を打つ」という現象を科学的に調べ、この音が屋根の雪が溶けてその下にあった竹の筒に落ちたときに発する音であることを突き止めたという逸話に対して、小松は次のように言う（小松 2007）。

もし私が彼の立場にあったとしても、同様の行動をしていたであろう。しかし、その一方で、私はこの竹筒に落ちる雨だれの音をタヌキによる怪音と判断する、この地方の人々のコスモロジーをも調べるであろう。怪音が聞こえてくる空間が夜の「背戸」の闇からであり、その闇の奥に妖怪タヌキが棲んでいる。この地方の人々はそう信じていたのである。

妖怪が「実際に存在するか否か」ということが大切なのではなく、その地方の人々が「妖怪は実際に存在すると考えていた」ということが重要なのである。つまり、人々が置かれている環境との関係性、そしてその環境の中で起こっている現象と人々との関係性こそが重要なのである。妖怪は「実在しない」にも関わらず、ある人にとっては見えるし、それがその人にとっての「リアリティ」として、その人の行動にも影響を及ぼすのである。そして、そのようなとてもイキイキとした「リアリティ」が、『遠野物語』には描かれている。つまり、妖怪を研究するということは、妖怪を生み出した「人間を研究する」ということに他ならない。

内山によれば、1965年を境にして日本人はキツネにだまされなくなったという（内山 2007）。ちょうどその頃、日本の人々が受け継いできた伝統的な精神が衰弱し、同時に日本の自然が開発によって大きく崩壊し始めた。その意味で、1965年当時、日本にはひとつの革命がもたらされていた、と内山は考える。

1965年以前、日本の各地でたくさんの人間がキツネにだまされていた。内山は、次のように言う（内山 2007）。

疑い深い人なら、本当にキツネの仕業だったのだろうかと考えることだろう。私はそのことは問わない。かつては人々の生活世界のなかに、それが事実であったにせよなかったにせよ、キツネがたえず介入し、キツネの介入を感じながら暮らしていたという、この事実だけを押さえておけばここでは十分である。実際村人は、このような話を疑うことはなかった。

さらに、付け加えて次のように言う。

それは、キツネにだまされていたという話が事実だったかどうかにかかわらず、なぜだまされなくなったのかを問いかけると、そこから多くの事実が浮かび上がるということである。出発点が事実かどうかにかかわらず、その考察過程ではいくつもの事実がみつけだされる。

かつて私たちは妖怪の存在を信じ、そのことによって精神的なバランスを保っていた。それが、高度経済成長時代、高度情報化時代になり「妖怪の存在は科学的に証明できない」という理由により妖怪の存在を否定するようになったのである。

5 「妖怪は存在する」という「知」

小松によれば、20世紀も終わろうとする頃、人々は近代的な社会はとてもストレスがたまるということに気づき始めたと言う。そして、「発展」という名のもとに私たちは何か「とても大切なもの」を失ってしまったのではないかと疑い始めたとする（小松 2007）。

私たちが制圧してきた「闇」の文化のなかに私たちの生活に必要なことも含まれていたのではないか。

・・中略（引用者）・・

人間を幸福にするはずであった近代の科学的文明・合理主義が頂点にまで到達したという現代において、多くの人々がその息苦しさ、精神生活の「貧しさ」（精神的疲労）を感じ、将来に漠然とした「不安」を抱いているということを思うと、逆に「原始的」とか「呪術的」とか「迷信」といったレッテルを貼って排除してきたもののなかに、むしろ人間の精神にとって大切なものが含まれているともいえるのかもしれない。

昔の人は現実世界で何か不吉なことや不幸な事件があると、その原因を死後の世界や死者の魂の存在に結びつけて考えていた。そうすることにより、人間の力では「どうにもならないこと」であると納得したり、あきらめることによって、自分の感情をコントロールしてきた。昔の人は、『遠野物語』で語られるような話を日常的に耳にすることにより「負の出来事」や「闇の世界」に対して「リアリティ」を持つ能力を身につけ、実際に自分がそのような事態に陥ったときに精神的な安定を保っていた。つまり、「負のリアリティ」を持つということは「生のリアリティ」を持つことと表裏一体なのである。

「妖怪は存在する」という知は、子どもたちに対する家庭教育の場でもしばしば活用されていた。「嘘をつくと鬼に舌を抜かれるよ」ということは、私も幼い頃よく母親から言われていた。さらに、「山道には様々な妖怪が出るので夜に歩くのは避けなさい」「川の深みにはカッパが棲んでいるので近づかないように」などは自然の恐ろしさを子どもたちに教育するために使われた。つまり「妖怪が存在する」という知は、人間と自然の関係をうまく保つための「知」でもあった。

「妖怪」が人々の心の中に生きていた頃、人々は「複雑な対象」や「あいまいな対象」を無理に分析したり詳しく理解しようとはせず、そのまま受け入れていた。しかし、私たちは学校教育や社会常識により、「真実」を知るためには対象を明確に、そして客観的に捉えなくてはならないという「思い込み」を持たされてしまった。そして、それまでは暗闇の中でしか見ることがなかった対象に対し強い照明を当てることにより、隅々まで鮮明に分析しようとしてきた。また、それまでは「複雑なもの」

は複雑なままに、「あいまいなもの」はあいまいなままに受け入れてきた対象を強制的に細かく分解したうえで、そのひとつひとつの要素を明らかにしようとしてきた。そうして私たちは、「複雑な対象」や「あいまいな対象」、そして「妖怪」や「闇の世界」を排除してきたのである（渡部 2012）。

昔の人は「なま暖かい風」を感じると、そこに「妖怪」や「幽霊」を感じていた。しかし、今の私たちはたとえ「なま暖かい風」が吹いたとしても、そこに「妖怪」どころか「異様な雰囲気」すら感じることはない。つまり、私たちが今生活している現実世界に妖怪がいなくなったのは、異様な情報を受け取ったとしても、私たちは何も生み出せなくなったからである。

私たちはすでに、1995年に阪神淡路大震災、2011年に東日本大震災を経験した。そして、2020年からの「新型コロナウイルス」の世界規模の感染拡大である。そこでは、多くの人々が身近な人の「死」を実際に体験した。さらに今後も、私たちは人類生存の危機とも言えるような様々な「負の出来事」と遭遇することになるだろう。しかし、そのような「負の出来事」と遭遇したとき対処できるような「時間の厚み」を持った「知」を、今の私たちは持っていない。

6 「知」が持つ「時間の厚み」の重要性

『遠野物語』の検討を通してあらためて感じることは、「知」が持つ「時間の厚み」の重要性である。『遠野物語』で語られる話は、時を越えて遠野という地域の人々に語り継がれている実際に起こった話、つまり遠野の人々の「記憶」の伝承である。そこには、自分の父や母、祖父や祖母、そして先祖が実際の生活の中で経験したことや感じ取ったことが、その後代々伝わる子孫の生活の中で受け継がれている。そして、場合によっては新たな「知」が付け加えられ、また場合によっては部分的に書き換えられて受け継がれてきたのである。したがって、その「知」には「時間の厚み」が感じられる。

また、それは人間ひとりでは生きていけない時代に「地域」の中で生活していくための「知」でもあった。例えば、自分の考え方や価値観とは異なっていたとしても、その地域の習慣や「しきたり」に従わなければ生きてはいけなかった。「私個人の知」よりも、「地域コミュニティの知」が優先されていた。そしてそれは、お祭りなど様々な日常的な出来事を通して、身体にしみ込むように記憶されてきた「知」なのである。

戦後の日本社会が受け入れてきたのは、客観的に正しいことが証明可能な「普遍的な知」であり、「合理性や効率を重視する知」であった。それは同時に、「記号で表象することができる知（「0」と「1」の組み合わせで表現することができる知）」でもある（渡部 2012）。「記号で表象することができる」

郵便はがき

料金受取人払郵便

本郷局承認

5896

差出有効期間
2025年2月28日
まで

113-8790

東京都文京区湯島2-1-1
大修館書店 販売部 行

■ご住所

都道府県	市区郡

■年齢

歳

■性別

男
女

■ご職業（数字に○を付けてください）

1　会社員　2　公務員　3　自営業
4　小学校教員　5　中学校教員　6　高校教員　7　大学教員
8　その他の教員（　　　　　　　　　）
9　小学生·中学生　10　高校生　11　大学生　12　大学院生
13　その他（　　　　　　　　　）

21394　「AI＝知」への逆襲

＊本書をお買い上げいただきまして誠にありがとうございました。

(1) 本書をお求めになった動機は何ですか?

① 書店で見て（店名：　　　　　　　　　　　　　　　　　　　　　　　　）

② 新聞広告を見て（紙名：　　　　　　　　　　　　　　　　　　　　　　）

③ 雑誌広告を見て（誌名：　　　　　　　　　　　　　　　　　　　　　　）

④ 雑誌･新聞の記事を見て　　　⑤ 知人にすすめられて

⑥ その他（　　　　　　　　　　　　　　　　　　　　　　　　　　　　　）

(2) 本書をお読みになった感想をお書きください。

［　　　　　　　　　　　　　　　　　　　　　　　　　　　　　　　　　　］

(3) 当社にご要望などがありましたらご自由にお書きください。

［　　　　　　　　　　　　　　　　　　　　　　　　　　　　　　　　　　］

◎ ご記入いただいた感想等は、匿名で書籍のPR等に使用させていただくことがございます。

ということは、テクノロジーで処理や操作が容易に行うことができることを意味する。そして、それらの「知」は科学研究やテクノロジーの発展により日々古いものになっていき、日々新しいものに「上書き／書き換え」られてきた。

このような「知」はまた、日本の高度経済成長期の価値観とも一致していた。できるだけ多くの最新の知識をできるだけ速く獲得した者が、高度経済成長の競争の中で勝ち残ることができた。しかも、「記号で表象することができる知」は容易にテクノロジーでも扱えるが故に、「グローバル化」においても貢献することができた。あらゆる情報がインターネットを経由して瞬時に、世界中の人々に共有される。

こうして戦後日本社会では、「記号で表象することができる客観的・普遍的な知」や「合理性や効率を重視する知」が積極的に採用されてきた。これは逆に言えば、「記号で表象することが困難な知」は無視されるか、意識的に排除されてきたのである。

しかし私は今、このような「近代的な知」を基礎として発展してきた社会に対して大きな「脆弱性《ぜいじゃくせい》」を感じている。この「知」は右肩上がりの発展を遂げているときには良いものだったが、一旦何かが起こったときには非常に「脆《もろ》くて弱い知」であることを実感している。そして、そもそも「知」というものは、その都度「上書き／書き換え」られるようなものではなく、時間の経過とともに「積み重なるもの」でなければならない。「知」が「積み重なる」ことにより、「知」には「時間の厚み」が感じられるようになる。

本書で取り上げた日本文化論が今でも多くの人々に読まれているのは、読者がそこに延々と積み重ねられてきた「時間の厚み」を感じているからである。そして、私たちは「知」に「時間の厚み」を感じたとき、その「知」の豊かさを実感するのである。

第3章

「生のリアリティ」の重要性 ▲『「いき」の構造』の視点

1　検討の出発点：九鬼周造『「いき」の構造』

『「いき」の構造』は、１９３０年（昭和５年）に岩波書店から刊行された哲学者九鬼周造の代表作である。この本は、九鬼がパリ留学中に学んだ「生の哲学」を基礎として書かれている。「生の哲学」は第一次世界大戦後の不安定な時代状況を反映して急速に台頭してきた哲学で、「抽象的な観念や論理ではなく、生きることそのものの具体的な感覚や感情のありかたを直視しよう」とする考え方を基礎に据えていた。

このような「生の哲学」を基礎として九鬼は、近代化・西洋化する日本社会の中で失いつつある江戸時代の「いき」という感覚・価値観に着目し、哲学的な検討を試みている。（以下、『「いき」の構造』の引用および解説は、「九鬼周造・大久保編 2011」を参考にした。）

まず、九鬼は「序」で次のように言う。

生きた哲学というのは、身の回りの現実を理解することができるようなものでなくてはならない。私たちは、「いき」という現象があることを知っているが、それならば、この現象はどのような構造をしているのだろうか。「いき」とは、つまるところ、私たち日本人に独特な「生き」かたのひとつではないだろうか。こうした現実をありのままにとらえること、また、体験として実感されるべきものを理論的に解明することが本書で追求しようとする課題である。

最近ではあまり耳にすることがなくなった「いき」という言葉であるが、私が学生の時などは「大人っぽいおしゃれ」とか今で言うところの「クール」という意味に近いニュアンスで時々使っていたことを記憶している。そもそも「いき」という言葉は江戸の人が使用しており、江戸前の価値観を表しているという。

しかし、私たちはあらためてその意味を深く考えることはない。まして、学問としての「哲学」で研究対象とされることはそれまでなかった。大久保によれば、「たとえば仏教教理とか、武士道倫理とかいうような事柄については盛んに論じられてきた」のと比較し「いき」はほとんど論じられてこなかった。その理由は、第1に「いき」というものが本来、抽象的な思想や論理にはなじまない微妙な感覚や感情から成り立っているから、そして第2に「いき」という言葉は庶民の日常的な暮らしの産物であって、学問的な論議の枠から外れてきたという事情があったからである（九鬼周造・大久保編 2011）。

『「いき」の構造』では「序」の後に、本論として「序説」が続く。「序説」では、「いき」に対する分析や検討における方法論が示されている。

「いき」という現象はどのような構造をしているのだろうか。

この問題に取り組むにあたって、まず、私たちはどのようにして「いき」の構造を解明し、「いき」というものをとらえることができるのか、その方法を検討しなければならない。

九鬼は「文化を理解するための秘訣」として、「その現実における具体的なありようを損なうことなく、ありのままの生きた姿で把握すること」をあげる。ここで「文化」は、その時代、その地域社会の価値観や考え方を基礎としており、本来ならばその時代、その地域社会で暮らしていなければ理解することは困難とされる。つまり、理解の前提として、その時代やその社会に対する「リアリティ」を持っていることが必要不可欠なのである。

「いき」を体験として理解するということは、具体的、実際的、個別的な「存在会得（理解）」でなければならない。私たちは「いき」のessentia（本質）を求める前に、まず、「いき」のexistentia（実存、具体的あらわれ）を求めるべきである。一言で言えば、「いき」の研究は「形相的」すなわち抽象的本質をめざすものであってはならない。「解釈的」すなわち具体的あらわれを重視するものであるべきはずなのだ。

そして、九鬼は「いき」な意識を構成する三要素として「媚態《びたい》」「意気地《いきじ》」「諦《あきら》め」をあげ、それぞれについて解説している。

まず内部構造からいうと、「いき」を構成する第一の要素は異性に対する「媚態《びたい》」である。異性との関係が「いき」の根本要素となっていることは、「いきごと」といえば「いろごと」を意味することでもわかる。「いきな話」といえば、異性との関係に関する話を意味している。さらにいうと、「いきな話」とか「いきな事」とかいう場合には、その異性との関係が尋常《じんじょう》のものではない（世間常識を踏み外している）ことを暗に示している。

・・中略（引用者）・・

媚態《びたい》とは、恋愛において、自分と異性との間に、どう転ぶかわからないような不安定な関係をもちこむことである。「いき」のうちにみられる「なまめかしさ」「つやっぽさ」「色気」などは、すべて、この自他の不安定な関係から生まれる緊張のあらわれにほかならない。いわゆる「上品」にはこうした自他の緊張した関係が欠落している。

第一にあげられるのが「媚態《びたい》」であり、「いき」の本質とは、媚態すなわち男女がたがいに相手をひきつけようとする駆《か》け引きが発する美意識にほかならないと九鬼は言う。これは、「いき」というものが、そもそも吉原に代表される遊里の世界から生まれてきたという歴史的事情に基づいている。しかし、そうした遊里の論理にとどまらず、媚態というものが実は人間関係全般、さらには後の章で論じられるような立ち居振る舞い、建築意匠《いしょう》などの文化全般にまでおよぶ原則を凝縮したものである、と九鬼は考える。

では、この原則とは何かというと、自と他がたがいに相手にかかわろうとしながら、決して束縛《そくばく》、固定されることを許さない緊張した関係を維持することだといえる。それは不安定きわまりない関係だが、その不安定のうちにこそ自由と可能性があり、どこまでもこの自由と可能性を追求するのが「いき」の原則なのである（九鬼周造・大久保編 2011）。

自他の緊張した関係を持続させること、すなわち、どうなるかわからないという不安定さを維持することが媚態の本領であり、恋の醍醐味《だいごみ》なのである。

・・中略（引用者）・・

媚態のツボは、ぎりぎりまで相手に接近しながら、しかも、相手とひとつになってはならないというところにある。なりゆきがどうなるかわからないというのが媚態の特性であり、その未知の不安定さを保つことが重要なのである。

・・中略（引用者）・・

すなわち、完全な媚態とは、異性同士の関係において、常に、その関係がどうなるかわからないという不安定さを絶対的な条件とするものなのである。

この原則を守るために心得なければならない態度として、第二、第三の要素としてあげられる「意気地《いきじ》」および「諦《あきら》め」がある。

「いき」の第二の要素は「意気」すなわち「意気地《いきじ》」である。

心がまえとしての「いき」には、江戸っ子が理想とする気質が鮮やかにあらわれている。江戸っ子の気概《きがい》が要《かなめ》となっている。野暮《やぼ》と化け物は箱根より東の江戸市中には住まないことを「生粋《きっすい》」の江戸っ子は誇りとした。

・・中略（引用者）・・

「いき」のうちには、武士道の理想が生き生きとあらわれているのだ。「武士は食わねど高楊枝《たかようじ》」の気位《きぐらい》が転じて江戸っ子の「宵越《よいご》しの銭は持たぬ」という誇《ほこ》りとなり、また、下等な私娼《ししょう》や相手かまわず身を安売りする芸妓《げいぎ》を卑《いや》しむ凛《りん》とした意気《いき》となったのである。

・・中略（引用者）・・

媚態《びたい》が異性の気を引くだけの技巧にとどまらず、こうした理想主義から生まれた「意気地」によって、高い精神性を帯びたものとなっているというところが、「いき」の特色なのである。

意気地《いきじ》とは、恋心のままに動かされてやすやすと相手の虜《とりこ》になってしまうことを自分にゆるさない誇《ほこ》りであり、その禁欲性と自負《じふ》の念において武士道に通じるものだというのである。

この当時は、第1章でも示したように新渡戸稲造《にとべいなぞう》の『武士道』（１８９９年刊行）が日本文化論の中心にあった。『武士道』は岡倉天心の『茶の本』同様、欧米の読者を対象として英語で書かれており、九鬼も少なからず影響を受けていたと考えられる。

「いき」の三番めの要素は、「諦め《あきら》」である。

運命というものを心得て執着心《しゅうちゃくしん》を捨て、無関心に徹するありかたである。「いき」であるためには垢《あか》抜けていなければならない。あっさり、すっきり、スマートでなければならない。

一方「諦《あきら》め」は、恋心にひきずられて相手に執着《しゅうちゃく》し、醜態《しゅうたい》をさらすことがないよう「所詮《しょせん》この世ははかないもの」と見なす境地に立ち、そうした未練、執着をきっぱり断ちきる心構えである。これは仏教の諦観《ていかん》に通じるものになると、九鬼は言う。ここで「諦観《ていかん》」とは、悟りの境地にあって物事を見ることを意味する。

以上をまとめれば、「いき」の構造は「媚態《びたい》」と「意気地《いきじ》」と「諦め《あきら》」から成り立っているのである。そのうち、第一の「媚態」が基調をなし、第二の「意気地」と第三の「諦め」が民族的、歴史的性格をあらわしている。

・・中略（引用者）・・

要するに、「いき」とは、わが国の文化を特色づけている道徳的理想主義と、宗教的脱俗性という形相因（抽象的本質）を根本として、その質料因（具体的あらわれ）である媚態が、最大限に発揮されたものであるということができる。そうであればこそ「いき」は無上の権威をおび、限りなく人々を魅惑するのである。

以上が、九鬼による「いき」の理念である。それは、純愛、打算抜きの愛、永遠の愛というようなロマンティックな愛の理想とは対極にある、男女関係の駆け引き、競い合い、遊戯とみなす「美学の理論化」に他ならない（九鬼周造・大久保編 2011）。

『「いき」の構造』ではこの後、「いき」の具体的事例をあげながら「いき」と同類の諸概念との関係を検討している。具体的には、「上品―下品」「派手―地味」「意気―野暮」「渋味―甘味」などの対立する概念について検討する。そして、最終的に九鬼は、これら諸概念を「いき」の六面直方体としてまとめている（「書籍紹介」を参照）。次に九鬼は、「いき」の特徴を具体的な身体的表現に求め検討していく。具体的には、「いき」な言葉遣い、姿勢、衣装、体つき、顔と表情、化粧、髪型、着こなし、そして素足と手の仕草《しぐさ》について検討する（「書籍紹介」を参照）。

最後の章では「いき」に対するこれまでの考察をまとめ、「いき」という現象を考察することの意義と限界を示している。「いき」というものは本来、概念的な言葉や理論によってはとらえきれない体験であり、その微妙な「リアリティ」は実際に体得することによってしか理解できないことを再度確認する。

「媚態」といい、「意気地」といい、「諦め」といい、これらの概念は「いき」そのものの一部ではなく、要因にすぎないのであり、したがって、これらを寄せ集めて得られる観念としての「いき」と、実際に生きられた体験としての「いき」の間には、越えることのできない溝がある。言い換えれば、論理的に説明された「いき」と実際の「いき」の間には、はっきりとした区別がある。私たちが分析によって得たいくつかの抽象的、概念的要因を組み合わせて「いき」を構成できたように思うのは、すでに体験としての「いき」を自分のうちにもっているからにほかならない。

・・中略（引用者）・・

たとえば、日本の文化について知識のない外国人に「いき」の何たるかを説明する場合、まず「いき」の概念的説明によって入り口に立たせるわけだが、その先は彼自身の「内的感覚」によって「いき」というものを体得しなければならない。この意味で、「いき」の概念的分析は「いき」の根本理解に達するためのきっかけにすぎない。

そして、『「いき」の構造』は、次のように締めくくられる。

「いき」は武士道の理想主義と仏教の脱俗性に対し密接な内的関係がある。運命によって「諦め」を受け入れた「媚態《びたい》」が「意気地《いきじ》」によって自由を生き抜くのが「いき」ということである。人間の運命に対して曇りのない目をもち、魂の自由に向かって悩ましい憧れを抱く民族でなくては、媚態《びたい》を「いき」にまで高めることはできない。「いき」の根本的意味は、その構造を私たち日本民族の存在証明として受け取って初めて、本当に会得され、理解されるのである。

九鬼周造は『「いき」の構造』において、近代化・西洋化する当時の日本社会の中で失いつつある江戸時代の「いき」という感覚・価値観に着目し、哲学的な検討を試みた。その手法は、パリ留学時に学んだ「生の哲学」とよばれる現代的な思想傾向をもつ哲学の手法である。抽象的な観念や論理ではなく、生きることそのものの具体的な感覚や感情のありかた、つまり「生のリアリティ」を重視する「生の哲学」はまさに、九鬼の日本の花柳界あるいはパリの社交界における美学の実地体験に基づいたものなのである。

2 『「いき」の構造』が書かれた背景

九鬼周造は、日本の哲学に大きな影響を与えた「京都学派」と呼ばれる集団の代表的メンバーである。「京都学派」とは、『善の研究』で有名な西田幾多郎を筆頭にした京都帝国大学・哲学科に関わる集団を示し、九鬼周造のほかには『風土』を執筆した和辻哲郎や『人生論ノート』の三木清などが属していた。「京都学派」が台頭した明治40年代は、明治維新から急速に始まった西洋化・近代化が一段落した時期である。そして次の段階として、西洋文明の近代的な価値を十分理解した上で、日本文化のあり方を模索し始めた時期であった。そのような時代背景のなかで九鬼は、日本の江戸時代の遊廓における美意識である「いき」を哲学的に把握しようと試みた。そして、それは「いき」という日常的なテーマを扱っているにもかかわらず、西洋哲学の伝統的方法論に基づくれっきとした学術論文であると認められている（大久保 2003、九鬼周造・大久保編 2011）。

九鬼周造は1888年（明治21年）、東京に九鬼家の四男として生まれた。父の隆一は九鬼水軍として知られる戦国時代の武将一門の血筋をひく武家の出身で、明治維新後、文部小輔（次官）、駐米特命全権公使、帝国博物館総長、枢密《すうみつ》顧問官などを歴任し、男爵の爵位まで授けられた官界の大立て者であった。野心家で権勢をふるい、傲岸《ごうがん》、威圧的な人柄で、それは家庭内においても変わらず、周造の生《お》い立ちに影を投げかけたと言われている。

一方、母の波津《はつ》はもともと京都祇園で芸者に出ていたところを隆一が見初めて妻に迎えたとされている。上品で物静かな女性だったと伝えられており、周造は終生この母への愛慕《あいぼ》と憐憫《れんびん》の情を抱き続けた。それが彼の女性観、人生観に深い影響をおよぼし、ひいては『「いき」の構造』成立にもかかわることになったとされる（九鬼周造・大久保編 2011）。その他にも九鬼周造の生《お》い立ちには様々なエピソードが伝えられているが（例えば、岡倉天心との関係）、詳細は他の文献に譲ることにする（例えば、小浜 2006）。

初めにも示したように、九鬼周造は「京都学派」と呼ばれる哲学者集団の代表的メンバーである。しかし、彼自身が学んだのは東京帝国大学であり、そこで哲学を専攻した。カントやヘーゲルなどの正統的なドイツ観念論哲学を学ぶ一方、当時急速に西欧から流入してきた世紀末デカダンス思想やニーチェなどにも触れて刺激を受けていた。卒業後はそのまま研究生活に入り、１９２１年（大正１０年）３３歳の時から足かけ8年もの間、ヨーロッパに留学する。最初の2年間はドイツで正統的なドイツ観念論哲学を学んでいたが、その後はパリに移って研究を続けた。当時のパリは、第一次世界大戦後の不安定な時代状況を反映して急速に台頭してきた「生の哲学」とよばれる現代的な思想傾向が流行していた。さらに九鬼は、ボードレールの「ダンディズム」やニーチェの「距離の熱情」のような思想に直接出会い、自分の日本人としてのアイデンティティを確保するために、これらパリの思想と日本の「いき」との微妙な違いを考えずにはいられなかった。このようにして九鬼は、パリ滞在中にまず『「いき」の構造』の原型となる論文をフランス語で執筆する。１９２９年（昭和４年）４１歳で日本に帰国した九鬼周造は、京都帝国大学に教授として招かれる。そして、その約1年後に発表されたのが『「いき」の構造』である。

その後１９３５年（昭和１０年）には、『「いき」の構造』と並ぶ九鬼の主著『偶然性の問題』が出版された。この世の様々な出来事は、どのようにして起こっているのか？　人間は偶然生まれ、偶然人と出会い、偶然別れ、偶然死んでいく・・・そんな人間の運命にはどのような意味があるのか？　それをどう意味付け、どう受け止めていけば良いのか？　『「いき」の構造』出版の後、九鬼の関心はこのような人間が持っている「生」のうつろいやすい本質や諸相の解明に注がれ、純哲学的考察と並行して日本文化論、詩論、芸術論など多面的な展開を見せたのである（大久保 2003）。

3 「生のリアリティ」が失われた現代

「生の哲学」における「生きることそのもの」に目を向けるという考え方は、社会学者の見田宗介の著作にも認められる。見田は、その著書『現代社会はどこに向かうのか―生きるリアリティの崩壊と再生―』の中で、1968年に起こった連続殺人事件と2008年に起きた秋葉原の無差別殺人事件を取り上げて比較している。そして、この40年間に人々が持つ「リアリティ」というものが大きく変化したことを示している（見田 2012）。

まず、2つの事件の共通点として、両方とも青森で生まれた青年が東京で起こした非常に凄惨な殺人事件であるということである（1968年の事件の犯人は永山則夫、事件当時19歳。2008年の事件は加藤智大、事件当時25歳）。両者とも青森から都会に出てきたが、やはり仕事は最底辺の労働力を担っていた（永山は中卒のあと集団就職で東京に出てきた。加藤は派遣社員や非正規社員を転々としていた）。見田によれば、それが表面的な共通点であるが、もっと本質的に重要なことは両者とも「生きることのリアリティ」に関わる事件ということである。

前者の永山則夫は、東京に集団就職したがなかなかうまくいかず貧しい生活から脱却することができなかった。その原因として中卒という学歴や青森弁訛り、そして顔にちょっと傷があるというような「人々の表面だけを見るようなまなざし」と見田は言う。「非常に熱心に勉強して勤めようとしたにもかかわらず、そういった表面的なところで受け入れられなかったり、絶えず疑われたりして、どんどん彼の志が裏切られていった」という。これを見田は、「空気の濃い時代」における「まなざしの地獄」と名づけた。さらに、永山は東京を脱出して新天地としてアメリカに行こうとする。しかし、そのための密航にも失敗し、最後に無差別連続殺人事件を起こしてしまう。見田はこの事件について、「必ずしも貧しいということ自体よりも、そのような若い人の生きようとする方向みたいなものが絶えず社会によって塞がれていく、そのことに対するいわば実存的な事件であった」と言う（見田2012）。

それに対し2008年に起きた秋葉原事件の加藤智大は、永山のように東京に対して憧れを持っていたわけではない。ただなんとなく青森から都会に出たいと思い、静岡県や愛知県などで非正規雇用の仕事を転々としていた。そして、自動車産業分野で派遣社員をしていたとき、朝出勤したら自分の作業着がない。それで、自分はリストラされたと思い込み暴れまわる。ところが、誰も「人ごと」として相手にしてくれない。それが、わざわざ秋葉原まで行きたくさんの通行人のいるところにトラックを乗り入れて無差別に殺人を起こしてしまった引き金になったと言われている。

ここで見田は、加藤が秋葉原にトラックを乗り入れる途中、Ｗｅｂ上で何度も殺人を予告している点に着目している。「これから自分は殺人に行く」ということを何度も予告している。しかし、誰もそれを止めようともしないし、相手にしようとしない。だんだん秋葉原に近づいてきて「今から人を殺す」と発信しても、まったく反応がない。「殺人なんてやめろ」と止めてくれる人がまったくいない。それで、仕方なく殺人を実行してしまったという一連の流れに、見田は着目している。そして、これを「空気が薄すぎる時代」における「まなざし不在の地獄」と名づけている。

ここで見田は、「リア充」という言葉を出して秋葉原事件を解説している。「リア充」とは、「リアル（現実）の生活が充実していること（あるいは充実している人）」である。友達がいて、恋人がいて、やることがあって、色々なことにリアリティをもって充実しているということである。加藤は、そのような人を恨んでいた。そして、加藤は「自分にはリアリティがない」と感じていた。それは、自分は派遣社員なので待遇が悪いと社長を恨んでいたとか、自分は貧乏だから金持ちを恨んでいたとかではない。そのような階級的なことではなく、「リア充なやつら」に対して彼は非常に恨んでいたという。

加藤はトラックで秋葉原に乗り込み無差別殺人をするとき、わざわざトラックを止めてトラックから降りて、自分が持っていた刃物で一人一人を追いかけて刺し殺している。このことを見田は、「それは彼がいかにリアリティにこだわっていたかということです」と言う。「つまり、トラックでひき殺してもあまりリアリティがないわけですが、一人一人をさせば・・中略（引用者）・・つまり、彼がいかにリアリティにこだわっていたかということです」（見田 2012）。

さらに見田は、加藤智大は特別な存在なのではなく、彼のかかえているものは今の若者にも共通しているとして「海外旅行」を例に挙げて説明している。今の若者は基本的に海外旅行には興味が無いのだが、ツアーの中に現地の人に役立つようなボランティア的な活動、支援的な活動を入れると一気に人気ツアーになるというのである。つまり、今の若者にとって一般的な海外旅行は「リアリティ」がなく、全然面白くないと感じている。テレビの旅番組で有名芸能人が楽しむ海外旅行が、イメージとして浮かぶのかもしれない。しかし実際に現地に行き、現地の人とふれあいながら、現地の人の役に立つ活動をすることはリアリティがある。結局、今の若者は「生きることのリアリティを求めている」と見田は結論づけるのである（見田 2012）。

4 「生のリアリティ」が不足している若者たち

私も、見田とほぼ同様の時代の変化を感じている。そして、見田が「まなざし不在の地獄」あるいは「空気が薄すぎる時代」と表現した今の時代を、私は拙著『超デジタル時代の「学び」――よいかげんな知の復権をめざして――』の中で「記号化した時代」と表現した（渡部 2012）。歴史的に見れば、20世紀前半まではモノはそこにあり、コトはそこで起こっていた。しかし現在、モノやコトの多くは「Ｗｅｂ」上にある。そして「Ｗｅｂ」上にあるということは、それらはすべて「記号（「０」と「１」の組み合わせ）」として操作可能であることを意味している。これまでも指摘してきたように、戦後の日本社会では「記号で表象可能な客観的・普遍的な知」が積極的に採用されてきた。このような「近代的な知」は、高度経済成長期の価値観とも合致していた。

そして、私たちは学校教育の枠組みでも、このような「知」を採用してきた。確かに「記号で表象可能な客観的・普遍的な知」は、教師が「ひとつひとつ系統的に教える」ことには都合が良かった。そして、学習者が「どれほど学習したか」を客観的に評価する際にも、都合が良かった。

しかし、このような「教育」や「評価」には「学習者がどれほどリアリティを感じながら学んだのか?」という視点が欠如している。そして私は最近、成績の良い学生さんと話していても、なぜか大きな違和感を感じてしまう。

具体的な例をひとつ示そう。大学3年生の春は、自分が所属する「研究室」を決定する時期である。自分が「興味ある研究」をするために、そしてそのテーマに関しての卒論を作成するために自分が所属する「研究室」を決定する。私のところにも毎年数名の新3年生が、「研究室の様子」を探るために訪問してくる。ところが最近、少し「様子が変わってきた」と私は感じている。いつものようにみんな真剣な顔をして私の研究室を訪ねてくるのだが、「どんなことに興味があるの?」と質問するとみんな黙ってしまうのである。多くの場合、次のようなやりとりが続く。

「どんなことに興味があるの?」

「・・・・」

「他の先生からもお話を聞いたんでしょ?」

「はい」

「それで、どうだった? なにか興味のあるテーマはあったの?」

「みなさん、丁寧に自分の研究についてお話しして下さって・・・先生方、みんな良い人で・・・」

「あなたの興味を引くようなテーマに出会えたの?」

「いや、どのテーマも面白そうなんだけど・・・」

「その中で、あなたの興味に1番ぴったりのテーマはなかったの?」

「1番ぴったり?・・・どうだろう? どのテーマにも興味があって、自分もやってみたいとは思うのですが・・・」

「卒業したらどんな仕事をしたいとか、あるの?」

「とりあえず、大学院には進学しようと思っていますが・・・大学院進学に有利な研究テーマがあったら教えていただけますか?」

彼らはたくさんの知識を持ち、試験では良い点数を取ることができる。そして彼らは、学校の勉強以外にも情報をたくさん持っているように見える。そして、本当に真剣に「自分が興味あること」を見つけ出そうとしているようだ。たくさん知識もあり頭も良い彼らは、どうして「自分が本当に興味あること」を見つけ出すことができないのか？

たぶん彼らは、自分がこれまで学習してきた知識に関して「自分なりのリアリティ」を持っていないのだろうと、私は考えている。もしあるとしても、それは「希望する大学に入る」というようなリアリティであり、「自分が本当にやりたいこと」とは結びついてはいないのかもしれない。

結果的に、彼らにあるのは「コンビニ的個性・コンビニ的多様性」である。つまり、社会やマスコミ、そして学校などで大人があらかじめ用意した選択肢の中から「取りあえず選択した」個性や多様性である。そこには誰もが知っている選択肢が並んでおり、その中から選択しておけば取りあえずは間違いがない。しかし、彼らには自分で選択したものの「なんか自分には合わないかも」という違和感だけが残っているのである。

5　子どもの「リアリティ」はゲームの中にある

学研教育総合研究所が２０２２年９月に行った「小学生の日常生活・学習に関する調査（小学生白

書Ｗｅｂ版）」によれば、「何をしているときが一番楽しいか」という質問に対して男子は「テレビゲーム・携帯ゲーム」が全学年トータル４９・７％で第１位であった（２位は「外遊び」が２８・０％）。女子は「外遊び」２７・２％、「友達とおしゃべり」２６・２％、そして「テレビゲーム・携帯ゲーム」が２４・５％となっている（註３）。

また、ゲーミング情報配信サイト「SoniSoniGame」が行った「小学生に人気のゲーム（２０２１年）」の調査によれば、小学生に人気のあるゲームの順位は次の通りだった（註４）。

１位　マインクラフト
２位　スプラトゥーン２
３位　脱獄ごっこ（人狼脱出ゲーム）
４位　フォートナイト
５位　あつまれどうぶつの森

「マインクラフト　Minecraft」はマイクロソフト社が提供する人気ナンバー１のゲームで、「ＭＯＲＰＧ」の代表とされる。「ＭＯＲＰＧ」とは「Multiplayer Online Role-Playing Game」の略で、日本語では「多人数同時参加型オンライン・ロール・プレイング・ゲーム」と訳される。つまり、ひとつの仮想空間の中に複数のユーザーがオンラインで同時に参加し、協力したり戦ったりしてゲームを楽しむものである。

昔のゲームは、ひとりで黙々と熱中するものが多かった。1983年に発売された「マリオブラザーズ」では「2人プレーモード」があり友だちと2人で遊ぶことができたが、みんなで遊ぶには全員がどこか一箇所に集まる必要があったし、コントローラを複数個用意しなければならないなどの制約も多かった。

「コンピュータ・ゲーム」の状況が変わったのは、2000年代後半である。2006年頃、家庭用ゲーム機にインターネット接続機能が標準搭載されたである。このことにより、ビジネス的には「大容量ファイルのダウンロードが可能になる」あるいは「オンラインを介したゲームソフトの購入やアップデートも可能になる」などのメリットが生まれた。しかし、ゲーム機にインターネットが接続されたことによる最も大きな意味は、子どもたちの「遊び場」がWeb上に広がったことである。子どもたちはゲームを身近な友だちとだけではなく、世界中の知らない子どもたちと一緒に楽しむようになったのである。

「マインクラフト」について、もう少し見てみよう。「マインクラフト」は、ブロックで構成された無限の仮想世界の中で、モンスターから身を守りながら自分の家や村を作っていくというゲームである。この世界の土や木、石などはすべてがブロックで作られていて、プレイヤーはブロックを壊したり置いたり複数のブロックを組み合わせて建物や村を作ったりしながら、壮大なアドベンチャーを楽しむゲームである。

このゲームの特徴は、時間制限もなければ達成しなければならない目標さえもないということである。プレイヤーは自分のしたいことをするが、例えばパンを作るためには「小麦の種を集める」「畑を耕す」「水を引く」などの作業を行う必要がある。ゲーム中にそのヒントはなく、子どもたちはオンラインで他のプレイヤーと協力したり競争しながら作業を行う。さらに、友だち同士で情報交換するだけでなく、協力して巨大な城を作るなどしてコミュニケーションを楽しむことができる。そのため「問題解決能力が鍛えられる」「クリエイティブな感覚が育てられる」「協調性が豊かになる」などのメリットが話題になることもある。

子どもたちは、このゲームをすることに多くの時間をかけるだけでなく、人気ユーチューバーが提供する「ゲーム実況中継」の動画を見ることでゲームの情報を収集しているという。「ゲーム実況中継」では、ユーチューバーが人気ゲームを実際にプレイしている様子を実況中継しながらその楽しさを伝えたり、テクニックを解説したりする。中にはゲームをしながらキャラクターになりきって話す人がいたり、複数のユーチューバーで実況する動画もあり、実際に見ている人を飽きさせることがない。結果的に子どもたちは、1日の大半をゲームの「仮想世界」に居続けることになり、当然ゲームの世界に対する「リアリティ」も増してゆくことになる。

さらに、人気ゲームの4位にある「フォートナイト」は、2022年頃から話題になっている「メタバース」流行の土壌を作ったと言われている（岡嶋 2022）。「フォートナイト」は、2017年に発売され、2020年には、登録利用者数が3億5千万人に達している。もともとは、敵を倒して得ることが出来る得点を競う「シューティングゲーム」として開発された。しかし、敵と戦い相手を殺すことだけが目的の「シューティングゲーム」では、どうしても利用者数に限界がある。そこで、利用者数を増やすために様々な工夫がなされている。例えば、「クリエイティブモード」を使うとマインクラフトのように自分で新しい「世界」を作ることができる。具体的には自分の島が与えられて、そこに好きな建築物やアイテムを配置して、そこで敵と戦うことが出来る。

また、そのゲームの世界にみんなで集まり（殺しあいではなく）サッカーをしたり、スカイダイビングを楽しむ機能もある（「パーティーロイヤル」と呼ばれている）。まさに、現実世界とは異なる「もうひとつの世界」がゲームの中には存在しているのである。

6 「仮想世界で生きて行く」という新たな選択肢

2021年10月、SNSのトップ企業「フェイスブック　Facebook」が社名を「メタ・プラットフォームズ　Meta」に変更した。株式市場で使用される銘柄コード（ティッカーシンボル）も「MVRS（メタバース＝Metaverseの省略形）」である。その理由について、CEOのマーク・ザッカーバーグは「メタバースはインターネットの未来像である」「フェイスブックはソーシャルメディア企業からメタバース企業に変わる」と発言している（註5）。「フェイスブック」という名称はひとつのサービスの名称として残すというが、あの「フェイスブック」が社名を変えてまで「メタバース」にチャレンジするというこの報道は、世界中を驚愕させた。

「メタバース」とは「インターネットにおける仮想世界」であり、現実世界とは違う「もうひとつ別の世界」をサイバー空間に作ろうという試みとされる（註6）。メタバース誕生の背景には、ゲームの進化の他に若者のコミュニケーション手段として定着しているツイッターやフェイスブック、インスタグラムなど「SNS」の存在がとても大きい。「SNS」では、自分の好きなヒト・モノ・コトについて、同じように興味を持っている人がWeb上にひとつのコミュニティを作ってコミュニケーションしている。例えば、自分の好きなアニメーションやタレント・芸人といったテーマで自由にグループを作って見知らぬ人どうしが何時間でも会話を楽しんでいるという。このとき、もちろん自分の本名を公表してもよいが、ハンドルネーム（ニックネーム）で参加している人も多い。匿名性が担保されていれば自分の言いたいことを素直に言うことができし、そのコミュニティが嫌になったならば簡単に抜けることもできる。基本的にそのようなコミュニティはとても快適で居心地が良く、つい長い時間を過ごしてしまう（天野 2019）。その長い時間の間に広告を見せるというのが、これまでのＳＮＳのビジネスモデルである。現在でも、多くの若者が「常時接続」でＳＮＳを楽しんでいるという。

この先にあるのが「メタバース」である。ＳＮＳの延長線上のメタバースでは様々なコミュニティが「仮想空間」にあり、多くの人は「アバター（自分の分身であるキャラクター）」で参加することになるだろう。今後、対話型ＡＩが発展すれば、そのコミュニティ・メンバーのひとりとしてＡＩが参加することになるかもしれない。

あらためて考えてみれば、私たちは現実世界の中でも特に目的無くだらだらと時間を過ごしたり、友だちと他愛もない話をしながら多くの時間を潰すことがある。それと同様に、「メタバース」でも目的のない多くの時間を過ごすことになるのかもしれない。これが、これまでのゲームやエンタテインメントと本質的に異なるところである。

以上のように仮想世界の中では、会議をしたり、様々な共同作業をしたり、ショッピングをしたりと目的ある行為をすることもあるけれど、目的なく時間を過ごせることも特徴として上げることができる。そして今後は、仮想世界の中で食事を楽しんだり、眠ったり、ペットを飼ったり、恋愛をしたり、子どもを産んで育児をしたり・・・「仮想世界の中で生活する」ような若者が増えてくることも考えられている（だから、そこには大きなビジネスチャンスがあるとされ、大きな話題になっている）。

7 「現実の世界」はもういらない？

昭和生まれの私でも、「それはそれでエンターテイメントとしては楽しいかもしれない」と思う。しかし、一時はその世界を楽しんだとしても、まもなく飽きてしまい「現実世界」に戻ってくるだろう。ところが、これからの時代を生きて行く子どもたちや若者は「仮想世界（ゲーム、ＳＮＳ、そしてメタバース）」に自分の居場所を見つけ「仮想世界」で1日の大半を過ごすことになるかもしれない。「仮想世界」は「現実世界」と比較して圧倒的に楽しく、自己実現が可能なように思えるからである。

第1章で示したように、これからの社会は「不安定・不確実・複雑・あいまい」が拡大する「ＶＵＣＡ時代」をむかえる。巨大地震や様々な自然災害、新たなウィルスの感染拡大、戦争やテロなどの不安定な社会情勢、低迷する経済など人々の不安やストレスは限界に来ている。特に、多くの若者は将来に希望が持てず、生きることの意味さえ見失いつつある。そして彼らの多くがすでに、スマホやパソコンのゲームの世界やSNSのコミュニティに逃げ出し、ストレスを発散し、生きがいを見いだしている。もし今後「メタバース」がさらに発展したならば、子どもたちや若者の多くが「現実世界」を逃避して「仮想世界」に自分の居場所を見いだすようになるかもしれない。そして、「現実世界」よりも「仮想世界」の方に「生きていることのリアリティ」を感じるようになるかもしれないのである。

例えば今、「仮想世界の恋愛」が流行しているという。これは、若者がリアルに恋愛することを積極的に避けるようになったからだと言われる。

確かに現在、未婚率の高止まりや恋愛経験の長期的な下落傾向が深刻である（牛窪 2015）。若者の長時間労働や体感所得の低下が、「結婚しても暮らしていけない」「恋愛する機会も時間もない」という事態を招いているのかもしれない。さらに、現実世界での恋愛を快適だと感じられなかったり、リスクが大きいと感じる若者が増えていると言う。個々の個性や多様性が尊重され自由であることが大切とされる現在の社会的風潮の中で、互いの個性や多様性を尊重し、場合によっては相手に合わせなければ成り立たない恋愛関係は「めんどくさい」と感じてしまうのも当然である。そして、あくまでも「自分が傷つかない自分にとって都合の良い恋愛」を「仮想世界の恋愛」に求めてしまう（牛窪 2015）。ちなみに、今後はVRヘッドセットやVRグローブの精度が上がり、恋人の息づかいや肌の感触をリアルに楽しめるようになるという（岡嶋 2022）。

このような風潮に対し、眉をしかめる人は多いだろう。私自身も、「若者はこれで本当に幸せを感じているのだろうか？」と思ってしまう。しかし、「仮想世界で幸せならば、現実世界はもうどうでもよい」と考える若者が増加していることもまた事実である。結局は、「何に幸せを感じるのかは人それぞれ」と考えるしかないのかもしれない。急速に衰退に向かう日本社会の中で、多くの若者が「今さえそこそこ幸せだったらそれで満足」、そして「気軽な幸せで十分である」と考えたとしても、それはそれで認めざるを得ないのかもしれない。

かつて、私たちは「リアルな世界（現実世界）」に住んでいた。そこでは「現実（リアル）」と「リアリティ（私たちが持つ現実感）」がごく自然に一致していた。モノは私たちの目の前にあり、コトは私たちの目の前で起こっていた。

しかし、テクノロジーが私たちの生活に浸透するに従い、私たちはテクノロジーが作り出す「仮想世界」に対しても「リアリティ（現実感）」を持つようになった。特に、生まれたときからスマホがある生活をしてきた今の子どもたちや若者にとって、これまでのWeb世界が「メタバース（仮想世界）」に変わったとしても、なんの違和感もないのだろう。そして、その仮想世界で出会う見知らぬ人が「対話型ＡＩ」であったとしても、彼らはなんの違和感もなく会話を楽しむかもしれない。それが今の「現実」であり、これからもこのような傾向はますます強くなっていくだろう。

これまで私は、子どもたちに対して「生のリアリティ」を感じながら生きていってほしいと願ってきた。つまり、日常の暮らしの中で培われる「鋭い感覚・生き生きとした感性・豊かな情緒・あふれる情熱」を大切にしてほしいと願ってきた。このような「生のリアリティ」は「仮想世界」の中にもあるのだろうか？　もしあるとしたならば、現実世界の「生のリアリティ」と同じなのか、異なっているのか？

『「いき」の構造』を読んでいると、私はそんなことまでもが気になってくるのである。

最後に

『「いき」の構造』が刊行されてから3年後の1933年（昭和8年）、谷崎潤一郎の『陰翳礼讃《いんえいらいさん》』が刊行された。これまで紹介してきた3冊同様、『陰翳礼讃』でも急速に西洋化・近代化されてゆく日本社会の中で失われてゆく日本人の美意識について深い考察がなされている。特に、この本では「陰翳」、つまり「暗がり・翳《かげ》り」が日本美学の根底にはあることが強調される。それまでの日本の生活空間は、行灯《あんどん》によりぼんやりと照らされていた。しかし、近代化により行灯が電灯に置き換わると、それまでは当然だった「薄暗がり」が失われてしまう。谷崎は、そのことの重大さを「日本人の美意識」という視点から考察している。

例えば、以下のような記述がある。

その時私が感じたのは、日本の漆器の美しさは、そう云うぼんやりした薄明かりの中に置いてこそ、始めてほんとうに発揮されると云うことであった。

・・中略（引用者）・・

漆器と云うと、野暮くさい、雅味《がみ》のないものにされてしまっているが、それは一つには、採光や照明の設備がもたらした「明るさ」のせいではないであろうか。事実、「闇《やみ》」を条件に入れなければ漆器の美しさは考えられないと云ってもいい。（谷崎 1975）

われわれ東洋人は何でもない所に陰翳を生ぜしめて、美を創造するのである。

・・中略（引用者）・・

われわれの思索のしかたはとかくそう云う風であって、美は物体にあるのではなく、物体と物体との作り出す陰翳のあや、明暗にあると考える。（谷崎 1975）

近代的な「知」は、「ぼんやりとしたもの」をことごとく嫌ってきた。ぼんやりとしたものを見つけ出すと、それをはっきりと写し出すために、強い光を中ば強制的にあててきた。はっきりと目に見えるということが前提になって、それを分析することも可能だし、それを操作することも可能になる。「ぼんやりしたもの」では分析もできないし、操作もできない。そして、強い光をあててもはっきりと見えそうにもない実に多くの「ぼんやりとしたもの」は、いとも簡単に無視されてきたのである。ある対象に対し強い光を当て客観的に分析することは確かに、その対象を理解するひとつの方法である。しかしそうすることにより、その対象が持っている本質的な特質が隠されてしまう可能性があることもまた事実である。漆器の持つ美しさは、強い光の中では現われてこない。近代的な「知」にとって、漆器は「野暮くさい、雅味のないもの」でしかないのである。

※　※　※

人間の知的能力を超えるようなＡＩが誕生した頃から私は、近代的な「知」が私たちにとっての絶対的な「知」になっていることに対して大きな違和感を持つようになった。特に、「教育」においては「正しい知識（客観的・普遍的な知識）」のみが対象とされ、「ぼんやりした知」や「あいまいな知」は無視されるか、むしろ排除されてきた。しかし本質的に、人間が社会の中で生きてゆくために必要不可欠な「知」の半分は、「ぼんやりした知」や「あいまいな知」である。

実際、究極のテクノロジーであるＡＩが人間の知的能力を追い越そうとしたとき、多くの人々が「ＡＩに負けない人間の能力とは？」「人間にしかない能力とは？」と問い始めた。教育現場においても、子どもたちに対して「ＡＩに負けない能力を育成しよう」「人間にしかない能力を育成しよう」という主張が頻繁に提案されるようになった。そして私自身もこれまで、そのことを深く考察してきた（この点に関する詳細は、拙著『ＡＩに負けない「教育」』および『ＡＩ×データ時代の「教育」戦略』をご参照いただければ幸いです）。

今後、ＡＩは人類にとって「空気のような存在」として日常生活に浸透してゆくだろう。多くの人々が、そうなったとき私たち人間にとって「考える力」や「判断する力」がますます重要になるだろうと言う。また、ＡＩは結局のところ「単なる道具」に過ぎないのだから、私たち人間はそれを「賢く使用すれば良い」と言う。

しかし私は、「そんなことが本当にできるのだろうか？」と疑ってしまう。これまでの人類の歴史を注意深く振り返ってみれば確かに、新しいテクノロジーが誕生したときには、そのテクノロジーを「道具」として人間のコントロール下に置こうとする。ところが徐々に、その便利で快適な道具を「特に意識することなく」使用するようになる。そしていつの間にか、私たちにとってそのテクノロジーは「なくてはならないもの」になり、最後には「すべてお任せ」になってしまう（例えば、行灯《あんどん》に変わって「電灯」が普及してきたように)。

このように考えてくると、このままＡＩが進化を続けていけば、まもなく人類は「学ぶ」ことを止め、「考える」ことを止め、「判断する」ことを止めることになるかもしれない。

本書のタイトルは、『「ＡＩ＝知」への逆襲』である。私はこの本で、急速に賢くなっていくＡＩに対して、そしてそのようにＡＩを発展させてきた「近代的な知」に対して、日本文化論というひとつの視点を武器として逆襲しようと模索してきた。正直なところ、それはとても厳しい戦いである。そのような戦いは、ＡＩ発展を推進している世界的な巨大企業に対する戦いでもある。しかし、もしこのような「戦い」をやめたとしたならば、そこで待っているのは「知的作業はすべてＡＩにお任せ」という人類の未来である。

今私たちに必要なのは「昔は良かった、昔に戻ろう」という懐古主義では決してなく、積極的に未来を見据えた上での「ＡＩ＝知」に対する再考である。そのために私たちは今、あらためてこれまで人類が蓄積してきた「知」を振り返り検討し直す時期に来ていると、私は考えているのである。

書籍紹介

ここでは、各原典の一部を解説とともに紹介する。しかし、本論の中で引用したものとあわせても、各原典のほんの一部に過ぎない。興味を持たれた読者は、それぞれの原典を読んでいただければ幸いである。

●岡倉天心『茶の本』

岡倉天心は１８６２年（文久２年）、福井藩士・岡倉覚右衛門の次男として横浜に生まれた。江戸時代が終わり廃藩になったあと、天心の父は貿易商になった。父はとても教育熱心な人であり、天心は漢籍（中国の書籍）と同時に宣教師のもとで英語を学んだ。いわゆる「バイリンガル」のはしりである。（以下、岡倉天心の生涯に関しては、大久保 2003・2016 を参考にした。）

１８７５年（明治８年）東京開成学校（後の東京大学）に入学し、アメリカから東京大学に外国人教師として来日していたアーネスト・フェノロサと出会う。フェノロサはハーバード大学でスペンサーやヘーゲルなどの哲学を学んでいたが、来日後には趣味で日本古美術（特に狩野派）の収集を始めていた。天心は英語の能力をかわれ、フェノロサが古美術商や狩野派絵師と交渉するのをたすけた。また、フェノロサの文献調査や翻訳などの助手も務めた。１８８０年（明治１３年）東京大学文学部を卒業し（卒論は「美術論」）、文部省勤務を開始する。そして、そこで再びフェノロサとの日本美術調査を本格化させる。

1886年（明治19年）から次の年にかけて、東京美術学校設立のための欧米視察旅行を実施する。そして、東京美術学校（現・東京藝術大学美術学部）を、1889年（明治22年）に開校した。1890年（明治23年）、天心（当時28歳）は東京美術学校の第2代校長となる。天心は美術教育、特に「日本美術」教育に対して熱心に打ち込み、福田眉仙《びせん》、横山大観《たいかん》、下村観山、菱田春草《しゅんそう》、西郷孤月《こげつ》らを育てたことで知られている。しかし、日本社会の西洋化の中で東京美術学校でも次第に西洋美術の勢力が増大して行き、天心と激しい対立が始まる。そして、天心は孤立化していくことになる。

1898年（明治31年）、とうとう天心（当時36歳）は東京美術学校を排斥され辞職する。横山大観らを連れて「日本美術院」を上野に発足するが、このあたりから天心の人生が大きく変わってくるのである。

1904年（明治37年）、天心41歳の時、ボストン美術館の中国・日本美術部に迎えられる。主な仕事はボストン美術館に展示する美術品を集めることで、日本とボストンを往復することが多くなる。しかし、それ以外の期間は茨城県五浦《いづら》の自宅アトリエにいることが多くなり、表立った活動は少なくなったと言われている。

1903年（明治36年）*The Ideals of East.*（『東洋の思想』）をロンドンで出版。

1906年（明治39年）*The Book of Tea.*（『茶の本』）をニューヨークで出版。

『茶の本』は、茶碗に満ちる人の心／茶の流派／道教と禅／茶室／芸術鑑賞／花／茶人たちの7章から構成されている。「茶碗に満ちる人の心」の章では、「茶道」とは「雑然とした日々の暮らしの中に身を置きながら」行うような哲学であることが示される。

「茶の流派」の章では、茶の歴史が紹介される。中国の唐の時代（618-907）に流行していた固形の茶を煮立てて飲む「団茶」は、宋の時代（960-1279）に粉末の茶を泡立てて飲む「抹茶」に発展した。その後の明の時代（1368-1644）には、葉のままの茶をお湯に浸して飲む「煎茶」になったことが紹介されている。

「道教と禅」の章で天心は、茶道の背景にある哲学を中国で生まれた「老荘思想」、それを引き継いだ「道教」、さらにそれを引き継いだ「禅」に見いだしている。そこでは、茶道の「不完全性」に着目し、その「不完全性」への崇拝こそが東洋的・日本的であると強調する。「完全なもの」や「完成したもの」は、それ以上の変化や発展の余地は望めない。逆に、不完全（不完成）であるからこそ、完全（完成）に向かって無限の可能性が開かれていると天心は主張するのである。

「茶室」の章では、そうした茶道の哲学を具現化した空間として、茶室がとりあげられる（以下、『茶の本』の引用および解説は、大久保（2005）を参考にした）。

こうして心を整えたうえで客は静かに茶室という聖域に近づいていく。客が侍であるなら、刀を軒下の刀掛けにかけなければならない。茶室は格別に平和を尊ぶ空間であるからだ。ついで彼は身をかがめ、高さにして1メートルもない小さな入り口をくぐり抜け、室内に入る。この作法は、身分の上下にかかわりなく、すべての客に課されるもので、謙譲の心を自覚させるためのものだ。待合で待っていた間に話しあって決めた順にしたがって、客たちはひとりずつ、音をたてずに入ると、各々の席につき、まず、床の間の掛け軸や花を拝見する。すべての客が着席し、ひっそりと静まりかえる中、ただ鉄の釜に湯の沸く音だけが聞こえるようになったところでようやく亭主が入ってくる。釜の底には鉄片が置かれていて、湯がたぎるのにあわせて霊妙《れいみょう》な調べを奏《かな》でるようになっており、その調べに、客たちは、思い思いに、雲に包まれた滝の響き、遠くの海から聞こえてくる岩に砕《くだ》ける波の音、竹林を払う風雨の響き、どこかはるかな山の松林の鳴る音などを聞き分けるのである。

このような茶室の情景は、多くの人が映画やテレビなどで見たことがあるだろう。日中でも薄暗い茶室の中にはピンと張り詰めた空気感がある。狭いことは確かなのだが、なぜかそれほど狭くは感じられない。茶室の中には塵ひとつなく、待合から茶室までの庭や露地もきれいに整えられている。天心は、「茶人の考える清潔さ」というものがどのようなものなのか、千利休《せんのりきゅう》のエピソードをあげて示している。

ある時、利休は息子の少庵《しょうあん》が露地を掃いて水をうっているのを眺めていたが、少庵が作業を終えると「まだ十分ではない」と言って、もう一度やるよう命じた。そこで少庵はまた一時間ほどもやり直して、すっかり疲れ果て、こう利休に言った。

「父上、これ以上はもうすることがありません。飛び石は三度も洗いましたし、石灯籠や木立にも十分に水をやりました。苔は青々としていますし、地面に一本の枝も、一枚の葉も落ちてはいません」

すると、利休は「未熟者」と叱りつけた。
「露地というものはそんな風に掃くものではない」
こう言って利休は庭に降り立つと、一本の木をゆすり、庭一面に、秋の錦を切れ切れにしたような金と朱の葉を撒き散らした。利休が求めたのは単なる清潔ということではなくて、美しく自然らしいということだったのである。

花の章では、千利休と豊臣秀吉の有名なエピソードが紹介されている。よく知られているように、千利休は秀吉の「茶頭《さどう》（君主の茶会で茶の湯全般を取り仕切る人）」を務めていた。

16世紀当時、朝顔はまだ珍しい花だった。その朝顔を利休は熱心に育て、庭いっぱいに咲かせた。その噂《うわさ》を聞きつけた太閤《たいこう》秀吉が一度見てみたいと所望《しょもう》すると、利休は太閤を朝の茶会に招いた。約束の日、太閤は庭に歩み入ったが、朝顔の一輪すら見当たらない。地面は平らにならされ、見事な小石と砂利が敷き詰められているばかりだ。むっとして太閤は茶室に入ったが、室内の様子を一目見るなり、すっかり機嫌を直した。床の間には宋時代の珍しい青銅製の花器《かき》が置かれており、そこに、庭の女王ともいうべき一輪の朝顔が生けられていたのである。

まさに、ここに千利休の「茶人」としての思想が現れている。

しかし、千利休はある些細な事件をきっかけに秀吉の怒りをかってしまう。『茶の本』の最終章では、秀吉から「切腹」を命じられた茶人・千利休の姿が描かれている。


やがて、茶室から珍しい香の薫《かお》りがただよってきて、客たちに入室を促した。彼らはひとりひとり前に進み、席についた。床の間には掛け軸がひとつ—昔の僧の手になる素晴らしい書で、この世の物事のはかなさを説いたものだった。炉にかけられた釜からは沸き立つ湯の音が響いていたが、それは、あたかも、過ぎ行く夏を惜しむ蟬時雨《せみしぐれ》のようだった。まもなく主人が部屋に入ってきた。客ひとりひとりに茶がたてられ、飲み干され、最後に主人みずからが最後の碗をすすった。

・・中略（引用者）・・

茶会は終わり、客たちは、必死に涙を堪《こら》えながら最後の別れを告げ、部屋を出て行った。ただひとり、最も身近にいた者にだけは、とどまって最期を見届けるよう頼むと、利休は茶会の服を脱ぎ、畳の上で丁寧に折り畳んで、それまでは隠していた純白の死に装束《しょうぞく》姿をあらわした。そして、死の短刀の輝く刃をじっと眺めると、こう見事な辞世の詩を詠んだ。
よくぞ来た
永遠の剣よ！
仏陀を貫き
達磨をも貫いて
お前はお前の道を切り開いてきた
顔に笑みをたたえて利休は未知の世界へと旅立っていった。

天心は、「美しく生きてきた者だけが美しく死ぬことができる」と言う。ここに、「死とは自然に帰ることである」という茶人の死生観が存在しているのである。

『茶の本』を出版した後、天心の活動はますます減少していき、晩年は五浦海岸で亡命者的・世捨て人的生活を送った。１９１３（大正２年）、新潟県赤倉温泉にある自身の山荘にて永眠。享年５０歳。

天心没後の１９２９年（昭和４年）、『茶の本』は村岡博により邦訳出版された。

● 柳田国男『遠野物語』

昔話はしばしば「昔々あるところに・・・」で始まるが、『遠野物語』の舞台となっているのは現在の岩手県遠野市である。つまり、これらの話は決して作り話ではなく、現実に遠野で起こった出来事だということである。

遠野は三陸海岸と花巻などの内陸を結ぶ交通の要所であり、人の往来も多かった。しかし、三陸海岸と遠野の間には笛吹峠（現在の遠野市と釜石市の境界にある峠）などいくつかの峠を超えなければならず、決して楽な行程ではなかった。そして、多くの人はそのような山中で「山男」や「山女」に出会ったと言うのである。（以下、『遠野物語』の引用および解説は、「石井 2015・2016」を参考にした。）

5　遠野郷より海岸の田ノ浜、吉利吉里《きりきり》などへ越ゆるには、昔より笛吹《ふえふき》峠と云う山路《やまみち》あり。山口村より六角牛《ろっこうし》の方へ入《い》り路のりも近かりしかど、近年此峠を越ゆる者、山中にて必ず山男山女に出逢うより、誰も皆怖ろしがりて次第に往来《おうらい》も稀になりしかば、終《つい》に別の路《みち》を境木峠《さかいげ》と云う方《かた》に開き、和山を馬次場《うまつぎば》として今は此方《こちら》ばかりを越ゆるようになれり。二里以上の迂路《うろ》なり。

遠野盆地は、遠野三山と呼ばれる早池峰山《はやちね》、六角牛山《ろっこうし》、石上（石神）山に囲まれている。次は、遠野という地勢と強い関連性をもつ「女神《めがみ》」の話である。

2・・前略（引用者）・・大昔に女神《めがみ》あり、三人の娘を伴《ともな》いて此《この》高原に来り、今の来内《らいない》村の伊豆権現《ごんげん》の社《やしろ》ある処に宿りし夜、今夜よき夢を見たらん娘によき山を与うべしと母の神の語りて寝たりしに、夜深く天より霊華《れいか》降《ふ》りて姉の姫の胸の上に止りしを、末の姫眼覚めて窃《ひそか》に之を取り、我胸の上に載せたりしかば、終《つい》に最も美しき早地峰の山を得、姉たちは六角牛《ろっこうし》と石神とを得たり。若き三人の女神各《おのおの》三《みつ》の山に住《じゅう》し今も之を領《りょう》したまう故《ゆえ》に、遠野の女どもは其妬《ねたみ》を畏《おそ》れて今も此山には遊ばずと云えり。

遠野三山の中での最高峰は早池峰山であるが、三女がこの山の神になる。昔話には末子が成功するという話のパターンがあり、この話もそうなっている。また、最後の一文は、これらの山が「女人禁制」である由来に結びつく。石井によれば、ここで繰り返される「今も」という表現が重要で、「大昔」に起こったことが「現在の事実」を保証する理論になっていると言う（石井 2016）。

『遠野物語』において佐々木喜善が柳田国男に語った話は、遠野という地域のなかでも自分の家の話や隣近所の話であり、また地縁・血縁関係にある人々の話が核になっている。119の話のうちの3分の1ほどは、佐々木家のある土淵《つちぶち》村の山口集落(現在の遠野市土淵町山口)とその近隣の話である。佐々木喜善自身に直接関わる話として、「通夜に現れた幽霊の話」がある。佐々木喜善の祖父の母にあたる曾祖母《そうそぼ》ミチの話である。

22 佐々木氏の曾祖母《そうそぼ》年よりて死去《しきょ》せし時、棺《ひつぎ》に取納《とりおさ》め親族の者集り来て其夜は一同座敷にて寝たり。死者の娘にて乱心の為離縁《りえん》せられたる婦人も亦《また》其中に在りき。喪《も》の間は火の気《け》を絶やすことを忌《い》むが所の風《ふう》なれば、祖母と母との二人のみは、大《おおい》なる囲炉裡の両側に座り、母人《ははひと》は旁《かたわら》に炭籠《すみかご》を置き、折々炭を継《つ》ぎてありしに、ふと裏口の方より足音して来る者あるを見れば、亡くなりし老女なり。平生《へいぜい》腰かがみて衣物《きもの》の裾《すそ》の引《ひき》ずるを、三角に取上げて前に縫《ぬい》附けてありしが、まざまざとその通りにて、縞目《しまめ》にも見覚えあり。・・後略(引用者)・・

このとき喜善はまだ生まれていなかったが、ミチが亡くなったのは1876年7月4日とわかっており、このときの出来事を喜善が家族より聞いたものと思われる。『遠野物語』に収められている話は、「遠野」というひとつの地域において「人から人へと語り継がれてきた話」である。したがって、それらの話は「作り話（うその話）」ではなく、かつて遠野の人々が実際に経験した「目の前の現実」が語り継がれてきたものなのである。

2011年の東日本大震災は東北地方に大きな被害をもたらしたが、『遠野物語』には1896年（明治29年）6月に発生した「明治三陸大津波」に関する話がある。岩手県上閉伊郡釜石町（現・釜石市）の東方沖200キロの三陸沖を震源として起こったマグニチュード8．2から8．5の巨大地震があり、海抜38・2メートルを記録する津波が発生し甚大な被害を与えたという。

99　土淵村《つちぶちむら》助役北川清《きよし》と云う人の家は字火石《あざひいし》に在り。代々の山臥《やまぶし》にて祖父は正福院《しょうふくいん》と云い、学者にて著作多く、村の為に尽《つく》したる人なり。清の弟に福二《ふくじ》と云う人は海岸の田の浜へ聟《むこ》に行きたるが、先年の大海嘯《つなみ》に遭いて妻と子とを失い、生き残りたる二人の子と共に元の屋敷の地に小屋を掛けて一年ばかりありき。夏の初の月夜に便所に起き出《い》でしが、遠く離れたる所に在《あ》りて行く道も浪《なみ》の打つ渚《なぎさ》なり。霧《きり》の布《し》きたる夜なりしが、その霧の中より男女二人の者の近よるを見れば、女は正《まさ》しく亡くなりし我妻なり。思わず其跡《そのあと》をつけて、遥々《はるばる》と船越村の方へ行く崎の洞《ほら》ある所まで追い行き、名を呼びたるに、振返りてにこと笑いたり。男はと見れば此も同じ里の者にて海嘯《つなみ》の難に死せし者なり。自分が聟《むこ》に入りし以前に互に深く心を通わせたりと聞きし男なり。今は此人と夫婦になりてありと云うに、子供は可愛くは無いのかと云えば、女は少しく顔の色を変えて泣きたり。死したる人と物言うとは思われずして、悲しく情なくなりたれば足元を見て在りし間に、男女は再び足早にそこを立ち退《の》きて、小浦《おうら》へ行く道の山陰《やまかげ》を廻《めぐ》り見えずなりたり。追いかけて見たりしがふと死したる者なりしと心付き、夜明まで道中《みちなか》に立ちて考え、朝になりて帰りたり。其後久《そのごひさ》しく煩《わずら》いたりと云えり。

愛する妻を津波で失い子どもとともに残された男性の無念さが、このような話につながったのだろう。2011年の東日本大震災を当事者として経験した私にとっても、つらい話である。

「昔の人」に分類される話の中に、いわゆる「神隠し」の話がある。

8　黄昏《たそがれ》に女や子共《こども》の家の外に出て居《い》る者はよく神隠しにあうことは他の国々と同じ。松崎村の寒戸《さむと》と云う所の民家にて、若き娘梨《なし》の樹の下に草履《ぞうり》を脱ぎ置きたるまま行方《ゆくえ》を知らずなり、三十年あまり過ぎたりしに、或日《あるひ》親類知音《ちいん》の人々其家《そのいえ》に集りてありし処へ、極めて老いさらぼいて其女帰り来《きた》れり。・・後略（引用者）・・

神隠しに遭いやすいのは女性や子どもで、夕方が危険な時間帯である。この話も、若い娘が「樹の下に草履を脱ぎ置きたるまま」突然いなくなったという「神隠し」の話である。その女性が30年以上経過した日に突然家に帰ってきた。石井は、その日は親戚や知人が集まって彼女の追善供養をしていたのかもしれないとしている。そして石井は、そこに現れた老婆が実際に生きているのか、それとも妖怪や幽霊なのかわからないという点に着目し、次のように解説している。つまり、現代社会は「生死の曖昧さを排除」したり「臨終の瞬間には生から死へと揺るぎなく移行」するけれど、「遠野のような共同体では、生と死の間にある、曖昧で不安定な環境に起こる出来事を、言い伝えてきた」とする（石井 2016）。

『遠野物語』には、精神的な病を抱えた人や障がいを持った人々の話がいくつか含まれている。第96話は、「白痴《はくち》（今で言えば「知的障がい」）」の男が火事を予知する能力を持っているという話である。

96　遠野の町に芳公馬鹿《よしこうばか》とて三十五六なる男、白痴《はくち》にて一昨年まで生きてありき。此《この》男の癖は路上にて木の切れ塵《ちり》などを拾い、之《これ》を捻《ひね》りてつくづくと見つめ又は之《これ》を嗅《か》ぐことなり。人の家に行きでは柱などをこすりて其《その》手を嗅ぎ、何物にても眼の先まで取り上げ、にこにことして折々之《これ》を嗅ぐなり。此《この》男往来《おうらい》をあるきながら急に立ち留《とま》り、石などを拾い上げて之《これ》をあたりの人家に打ち付け、けたたましく火事だ火事だと叫ぶことあり。かくすれば其《その》晩か次の日か物を投げ付けられたる家火を発せざることなし。同じこと幾度と無くあれば、後には其《その》家々も注意して予防を為すと雖《いえども》、終《つい》に火事を免れたる家は一軒も無しと云えり。

石井は、『遠野物語』では心の病を抱えた人も人間存在のひとつのあり方として承認して抱え込んでいくという社会があり、むしろそうした人たちを神や死者たちの棲む異界と交信できる存在として捉える感覚があったとする（石井 2016）。

以上『遠野物語』の中から一部を引用して紹介したが、昔の人がいろいろと思い悩みながら乗り越えてきた様々な出来事を読み解くことにより、どれほど世の中が近代化しても変わることのない人間の心の奥底にあるものをより深く探ることができる。

●九鬼周造『「いき」の構造』

九鬼周造は『「いき」の構造』において、近代化・西洋化する日本社会の中で失いつつある江戸時代の「いき」という感覚・価値観に着目し、哲学的な検討を試みている。『「いき」の構造』は、序説／「いき」の内部構造／「いき」の関連概念／「いき」の身体的表現／「いき」の芸術的表現／結論の6章から構成されている。

序説および「いき」の内部構造は本論で示したので、ここでは「いき」の関連概念から紹介する（以下、『「いき」の構造』の引用および解説は、「九鬼周造・大久保編 2011」を参考にした）。「いき」の関連概念の章では、「いき」の具体的事例をあげながら、「いき」と同類の諸概念との関係を検討している。

「いき」に関連する主な概念としては「上品」、「派手」、「渋味」などがある。これらは、その適用範囲から言うと、ふたつのグループに分かれる。「上品」や「派手」が適用される範囲は、「いき」や「渋味」が適用される範囲とは別種である。

「上品」や「派手」は、人間性一般について適用されるのに対し、「いき」や「渋味」は、もっぱら異性とのかかわりという特殊な範囲に適用されると言うことができるだろう。

これらの概念は、大体において、その反対概念と対になっている。「上品」は「下品」と、「派手」は「地味」と、「いき」は「野暮」と、という具合である。
・・中略（引用者）・・
では、これらの対立概念はどういう性質のものなのか。また、「いき」とどのような関係にあるのか。ここで九鬼は、「上品―下品」「派手―地味」「意気―野暮」「渋味―甘味」などの対立する概念について検討する。例えば、「上品―下品」という対立概念については、以下のような検討を行っている。


つまり、「いき」と上品の関係は、すぐれた趣味によって価値があるという共通点を有しながら、媚態があるか、ないかという点で異なるのである。

これに対し、下品は、本来は上品と同様、媚態とは別種の概念でありながら、異性とのかかわりにおいて媚態《びたい》と共通するようなところもある。したがって「いき」と下品の関係では、共通点としては媚態性があること、相違点としては趣味の優劣をあげることができる。

「いき」はすぐれた趣味性によって価値があり、下品は劣った趣味性によって価値が低い。その結果、しばしば、両者に共通する媚態性はこの趣味性の優劣に応じて異なったあらわれ方をする。

以上のような対立概念に対する検討を行った上で、九鬼はこれら諸概念を「いき」の六面直方体としてまとめている（図参照）。

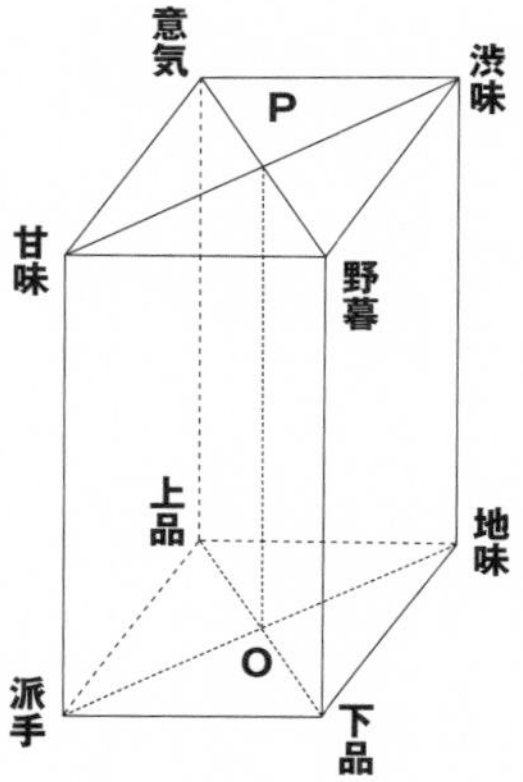

図　「いき」の六面直方体
（九鬼周三・大久保編 2011）

以上で、ほぼ「いき」の意味をほかの類似した意味の主だったものから区別することができたと思う。また、これらの類似した意味との比較によって、意味体験としての「いき」というものが、単なる客観的概念としてばかりでなく、美意識として価値判断の主体であり、また対象でもありうることが推測されたと思う。

その結果として、「いき」を、ほかの諸要素との相対的な関係によって構成される美意識の体系のうちに位置づけて、理解することができるのである。その関係を図式化すれば次のようになる。

大久保はこの「いき」の六面直方体に対して、九鬼が「いき」という漠然とした感覚的な概念を扱いながらも、カントやヘーゲルなどが構築した整然たる「構造」にまで理論化をはかろうとした記念碑的な直方体と言えるとしている（九鬼周造・大久保編 2011）。

「いき」の身体的表現の章では、「いき」の特徴を具体的な身体的表現に求め検討していく。具体的には、「いき」な言葉遣い、姿勢、衣装、体つき、顔と表情、化粧、髪型、着こなし、そして素足と手の仕草《しぐさ》について検討している。例えば、「いき」な言葉遣いに関して、九鬼は次のように言う。

声の響きとしては、甲高い高音よりも、ややさびの加わった少し低めの音の方が「いき」である。このように、言葉のリズム上の対立がやや低めの声で発せられると、「いき」の気分と表現が理想的に一致して実現するのである。

続いて、「いき」な姿勢である。

まず、体全体については、姿勢を軽く崩すというのが「いき」の表現である。鳥居清長《とりいきよなが》の絵には、この表情が、男姿、女姿、立ち姿、座り姿、後ろ姿、前向き、横向きなどあらゆる姿とニュアンスで、驚くほどきめ細やかにとらえられている。

「いき」の基本は、異性に対してつかず離れずの二元的な態度で接する媚態《びたい》にあるが、こうした異性への接し方は、安定した姿勢を崩して異性に向かうかと思えば待ち受けるといった、どっちつかずの不安定な姿勢をとることによって具体化される。

『「いき」の構造』では、最後に「結論」として「いき」に対するこれまでの考察をまとめ、「いき」という現象を考察することの意義と限界を示している。

体験されたものを概念化することによって明確な自覚に導くというところに人間知性の存在意義がかかっているのである。

・・中略（引用者）・・

体験と概念的認識との間には越えることのできない隔たりがあることをはっきりと意識しつつ、それでもなお、体験を論理的な命題として言語化することを課題として追求しつづけることにこそ、まさに学問の意義はあるのである。この意味で、「いき」の構造の理解ということも意義があると私は信じる。

具体的な体験と哲学的な考察それぞれの限界を認めたうえで、なおこうした哲学的な理論的考察には、それによって初めてそれまで漠然と主観的に実感してきたものを客観的に把握することが可能となるという意義があるのであり、それこそが学問の存在理由にほかならないと九鬼は考えるのである（九鬼周造・大久保編 2011）。

あとがき

10年以上前から『茶の本』『遠野物語』『「いき」の構造』の3冊に関する本を書きたいと思っていた。しかし、昔から「日本文化」が好きだったというわけではない。幼い頃から次々と誕生する「新しいテクノロジー」に幸せを感じ、ワクワクしながら新しいテクノロジーを享受してきた。特に、ステレオ（特に、オープンリールのデッキ）やウォークマン（カセットに始まり、CD、DAT、MD、そしてフラッシュメモリーと進化）、そしてアマチュア無線機は夢にまで出てくるほど魅力を感じていた。はじめてコンピュータに出会ったのは大学4年生のとき（1981年）だったが、研究室の誰よりも夢中になっていた。

そんな私が初めて「日本文化」を意識したのは、40歳代前半にたまたま出会った「神楽」や民族舞踊がきっかけだった。当時、私は「モーションキャプチャ」を用いて身体動作のデータを収集し、そのデータを活用して「3DCGアニメーション教材」を作ってみたいと考えていた。このような教材ならば子どもたちや若者も興味を示し、存続の危機にある伝統芸能の継承を支援できるのではないかと考えたのである（渡部編 2007）。

結局このプロジェクトは20年近く続いたが、ここで私は「近代教育」とはまったく異なる師匠と弟子の間に成立している「教える―学ぶ」関係に魅せられることになる。師匠は弟子に対して「オレの舞を見て覚えろ」「〝わざ〟は盗むもの」と言って、手取り足取り教えることはしない。弟子は師匠の舞を真剣な眼差しで観察しながら、試行錯誤する。そして、いつの間にか（場合によっては）師匠を超える〝わざ〟を身につける。このような「近代教育」とは異なる「教える―学ぶ」関係が、今の教育現場で起こっている様々な問題を解決するヒントになると私は考えていた。

このプロジェクトをきっかけにして、私は「茶道」や「香道」のお稽古に通い始め、「日本文化論」の書籍を読みあさった。そこで私の興味を引いたのが、『茶の本』『遠野物語』『「いき」の構造』（加えて『陰翳礼讃』）である。そして、これらの「日本文化論」をテーマにして書籍を執筆したいと思い始めたのである。

しかし、「日本文化論は専門外かも」という消極的な思いがあり、なかなか筆を進めることができずにここまで来てしまった。今回このように長年の夢がかなったのは、高橋信雄先生（元東北文化学園大学教授）が何度も丁寧に原稿を読んでくださり、大変貴重なご意見を下さったおかげである。高橋先生のアドバイスがなければ、私は今もまだ「専門外なので・・・」とぐずぐずしていたかもしれない。本当に感謝している。

また、大修館書店の金子貴さんも、これまでとは少し路線の異なる拙著の刊行を快く引き受けて下さった。本当に感謝である。

渡部　信一

２０２３年６月１２日

ギナーズ日本の思想）．KADOKAWA.（Okakura, Kakuzo. 1984. *Okakura Kakuzo Collected English Writings.* 3 vols. Ed., Sunao Nakamura. Tokyo: Heibonsha.）

大久保喬樹．（2016）『岡倉天心 茶の本』（ＮＨＫ「100分de名著」ブックス）．ＮＨＫ出版．

阪田真己子・高橋信雄・渡部信一．（2020）「ディスカッション：ＡＩ時代の「生きる力」をどのように育成するか？」『ＡＩ時代の教師・授業・生きる力』渡部信一（編）．ミネルヴァ書房．

谷崎潤一郎．（1975）『陰翳礼讃』中央公論新社．

内山　節．（2007）『日本人はなぜキツネにだまされなくなったのか』講談社．

牛窪　恵．（2015）『恋愛しない若者たち コンビニ化する性とコスパ化する結婚』ディスカヴァー・トゥエンティワン．

渡部信一（編）（2007）『日本の「わざ」をデジタルで伝える』大修館書店．

渡部信一．（2012）『超デジタル時代の「学び」：よいかげんな知の復権をめざして』新曜社．

渡部信一．（2018）『ＡＩに負けない「教育」』大修館書店．

渡部信一．（2021）『ＡＩ×データ時代の「教育」戦略』大修館書店．

高橋璃子（訳）．かんき出版．（Cathcart, Thomas. 2013. *The Trolley Problem, or Would You Throw the Fat Guy off the Bridge?* :Workman.）

菊地章太．（2013）『妖怪学の祖　井上圓了』角川学芸出版．

小浜善信．（2006）『九鬼周造の哲学：漂泊の魂』昭和堂．

小松和彦．（2007）『妖怪学新考：妖怪から見る日本人の心』洋泉社．

九鬼周造・大久保喬樹（編）（2011）『九鬼周造　「いきの構造」』（ビギナーズ日本の思想）．KADOKAWA.

見田宗介．（2012）『現代社会はどこに向かうのか：生きるリアリティの崩壊と再生』弦書房．

三浦節夫．（2013）『井上円了と柳田国男の妖怪学』教育評論社．

三宅陽一郎・森川幸人．（2016）『絵でわかる人工知能』ＳＢクリエイティブ．

中沢新一．（2016）『レヴィ＝ストロース　野生の思考』（ＮＨＫ「100 分 de 名著」ブックス）．ＮＨＫ出版．

日経ビッグデータ（編）（2017）『グーグルに学ぶディープラーニング』日経 BP.

岡本裕一朗．（2018）『人工知能に哲学を教えたら』ＳＢクリエイティブ．

岡嶋裕史．（2022）『メタバースとは何か：ネット上の「もう一つの世界」』光文社．

大久保喬樹．（2003）『日本文化論の系譜:「武士道」から「甘え」まで』中央公論新社．

大久保喬樹（訳）（2005）『新訳　茶の本』岡倉天心．（ビ

引用文献

天野　彬.（2019）『ＳＮＳ変遷史：「いいね！」でつながる社会のゆくえ』イースト・プレス.

新井紀子.（2014）『ロボットは東大に入れるか』イースト・プレス.

新井紀子.（2018）『AI vs. 教科書が読めない子どもたち』東洋経済新報社 .

ガボール・デニス.（1973）『成熟社会：新しい文明の選択』林雄二郎（訳）. 講談社.（Gábor, Dennis. 1972. *The Mature Society. A View of the Future.* Martin Secker & Warburg.）

原田曜平.（2013）『さとり世代：盗んだバイクで走り出さない若者たち』角川書店.

石川結貴.（2017）『スマホ廃人』文藝春秋.

石井正己.（2000）『遠野物語の誕生』若草書房.

石井正己.（2015）『全文読破　柳田国男の遠野物語』三弥井書店.

石井正己.（2016）『柳田国男　遠野物語』（ＮＨＫ「100分 de 名著」ブックス）. ＮＨＫ出版.

神崎洋治.（2016）『人工知能がよ～くわかる本』秀和システム.

カスカート・トーマス.（2015）『「正義」は決められるのか？：トロッコ問題で考える哲学入門』小川仁志・

し、保護者付き添いのもとで子ども本人が回答するように依頼した（インターネット調査）。小学１～６年生各学年で男子100人と女子100人ずつとその保護者（計1,200組）の回答が集まったところで調査を終了した。
https://www.gakken.co.jp/kyouikusouken/whitepaper/202209/chapter9/07.html
（最終閲覧日2023年５月５日）

4　ゲーミング情報配信サイトSoniSoniGame「現役小学生に今人気の流行りゲームランキングTOP10位について聞いてみたら、１位は○○だった【2021年】」
https://sonisonigame.net/other/gamerankingshougakkou/　（最終閲覧日2023年５月５日）

5　フェイスブックの社名変更に関するＣＥＯマーク・ザッカーバーグの発言に関する報道は多数ある。例えば、以下のＷｅｂサイトに詳しい。
https://www.itmedia.co.jp/news/articles/2110/29/news076.html　（最終閲覧日2023年５月５日）
https://www.youtube.com/watch?v=uqWd4gciBzc
（最終閲覧日2023年５月５日）

6「メタバース」とは、「超」を意味する「Meta」と「宇宙」を意味する「universe」が組み合わさった造語で、「多次元の世界・宇宙」という概念を意味する。

註

1　国土交通省『２０５０年の国土に関る状況変化』
https://www.mlit.go.jp/policy/shingikai/content/001361256.pdf　（最終閲覧日 2023 年５月５日）

2　「正解のない問題」に関する検討については、昔から「トロッコ問題」として盛んに議論されてきた。最初にこの問題を提示したのは１９６７年、フィリッパ・フットであった。

トロッコ問題（１９６７年オリジナル版）

　暴走する路面電車の前方に５人の作業員がいる。このままいくと、電車は５人全員をひき殺してしまう（５人は何らかの理由で線路から逃げることができない)。一方、もしも電車の進行方向を変えて退避線に向ければ、そこにいる１人の人間をひき殺すだけですむ。さて、路面電車の運転手はそのまま何もせず５人の作業員に突っ込むべきか、それとも向きを変えて１人の人間をひき殺すべきか？　（カスカート 2015）

　「トロッコ問題」に関する詳細については、カスカート（2015）あるいは渡部（2021）を参照のこと。

3　学研教育総合研究所「小学生の日常生活・学習に関する調査（小学生白書Ｗｅｂ版)」２０２２年９月

調査方法：日本全国の小学生（１～６年生）のお子さんをもつ保護者を約 465 万人のモニター母集団から抽出

［著者略歴］

渡部信一（わたべ・しんいち）

東北大学名誉教授。

1957 年仙台市生まれ。東北大学教育学部卒業。東北大学大学院教育学研究科博士課程前期修了。博士（教育学）。

東北大学大学院教育情報学研究部（独立大学院研究科）教授および同研究部長などを経て、現職。茶道（裏千家）専任講師。

主な著書に、『鉄腕アトムと晋平君—ロボット研究の進化と自閉症児の発達—』（ミネルヴァ書房）、『ロボット化する子どもたち—「学び」の認知科学—』（大修館書店）、『超デジタル時代の「学び」—よいかげんな知の復権をめざして—』（新曜社）、『AI に負けない「教育」』（大修館書店）、『AI ×データ時代の「教育」戦略』（大修館書店）、編著書に『「学び」の認知科学事典』（大修館書店）、『日本の「わざ」をデジタルで伝える』（大修館書店）、『AI 時代の教師・授業・生きる力』（ミネルヴァ書房）などがある。

ホームページ：https://www.watabe-lab.com/

「AI ＝知《ち》」への逆襲《ぎゃくしゅう》：日本文化論《にほんぶんかろん》の視点《してん》
NDC371/iv, 130p/19cm

初版第 1 刷 —— 2023 年 9 月 10 日

著者 ———— 渡部信一《わたべしんいち》
発行者 ———— 鈴木一行
発行所 ———— 株式会社 大修館書店
〒113-8541 東京都文京区湯島 2-1-1
電話 03-3868-2651（販売部） 03-3868-2294（編集部）
振替 00190-7-40504
［出版情報］https://www.taishukan.co.jp

装丁者 ———— 中村友和
印刷所 ———— 壮光舎印刷
製本所 ———— 牧製本

ISBN978-4-469-21394-2 Printed in Japan